¡SÍ, ACEPTO!

¡SÍ, ACEPTO!

IDEAS GENIALES PARA DISEÑAR TU BODA

BODAS de cuento

THE WEDDING DESIGNERS

 Planeta

Obra editada en colaboración con Editorial Planeta - España

Diseño del interior y composición: undoestudio
www.undoestudio.com
Diseño y producción de los tutoriales: Bodas de Cuento y Mayula Flores
www.mayulaflores.es
Ilustración de la página 186: Srta. Edwina
www.srtaedwina.com

© 2013, Bodas de Cuento, S. L.
www.bodasdecuento.com
© 2013, Editorial Planeta, S.A. – Barcelona, España

Derechos reservados

© 2015, Editorial Planeta Mexicana, S.A. de C.V.
Bajo el sello editorial PLANETA M.R.
Avenida Presidente Masarik núm. 111, Piso 2
Colonia Polanco V Sección
Deleg. Miguel Hidalgo
C.P. 11560, México, D.F.
www.planetadelibros.com.mx

Primera edición impresa en España: septiembre de 2013
ISBN: 978-84-08-11851-0

Primera edición impresa en México: agosto de 2015
ISBN: 978-607-07-2982-9

Impreso en los talleres de Litográfica Ingramex, S.A. de C.V.
Centeno núm. 162-1, colonia Granjas Esmeralda, México, D.F.
Impreso en México - *Printed in Mexico*

A Claudia, mi niña.
A mi madre, Carolina, in memóriam,
por ser la primera persona que creyó en mí.

Wendy

A mis padres.

Jose

A Wendy y a Jose, por creer en mí.
Y a mis padres y mis hermanas,
y en especial a Ricky, por acompañarme
en este sueño que me hace tan feliz.

Marina

Índice

Haz que tu boda sea un bodón

¡Oh! ¡Te casas! ¿Has observado la reacción de la gente cuando le dices que te casas? Felicidad, eso es lo que te transmiten. Te felicitan y tú sonríes. Estás feliz. ¡Eres la novia! Sabes que vas a vivir uno de los días más importantes de tu vida y estás dispuesta a disfrutarlo al máximo. Él es fantástico, no hay un compañero mejor para compartir tus días. Y ahora que han decidido casarse estás pletórica, loca de alegría. Seguro que sentiste incluso algo de nervios los primeros días después de que se comprometieron: tienen por delante todos los preparativos y, aunque tu cabeza bulle de ideas, nunca has organizado una boda y quieres que todo sea maravilloso, auténtico, inolvidable.

Y tú, querido novio, estuviste días y días pensando en cuál sería el momento perfecto para pedirle que se casara contigo. Hasta tuviste que ensayarlo en voz baja delante del espejo; estabas hecho un flan. Sabes que queda por delante mucho trabajo, y la verdad es que no tienes muy claro por dónde empezar, pero la miras a ella y ves lo ilusionada que está y solo puedes sonreír. Va a ser un gran día, una gran fiesta, estás seguro.

Esos son ustedes. ¿Se reconocen? Seguro que sí. Y aquí estamos nosotros, con numerosas bodas organizadas y diseñadas a nuestras espaldas y totalmente enamorados de nuestro trabajo. Hacemos un tándem perfecto: ustedes se casan y nosotros podemos contarles muchas cosas acerca de las bodas. Por eso acaban de empezar a leer este libro. Porque quieren disfrutar de todos los preparativos, porque no les gustaría pasar nada por alto, porque desean que sea un día fantástico y porque han decidido que la suya no va a ser una boda más: va a ser la boda. Será un placer para nosotros acompañarlos en este proceso, servirles de ayuda y proporcionarles inspiración para hacer de esta la fiesta más especial de todos los tiempos.

Organizar y diseñar una boda requiere tomar muchísimas decisiones. En estas páginas les damos las pautas para que sepan qué decisiones deben tomar y cuándo las deben tomar. Y les contamos paso a paso cómo trabaja un *wedding planner* para que hagan suyo ese conocimiento. Este libro es una guía, una hoja de ruta hecha para ustedes, elaborada con todo nuestro cariño y nuestro saber hacer.

También es la terraza soleada de un café, un lugar donde pasar juntos la tarde, ustedes y nosotros, platicando de su primer gran proyecto en común. Vamos a pedir un trozo de ese delicioso pastel y un té. O un café, lo que les apetezca. Vamos a ponernos cómodos y a hablar largo y tendido de su boda. Sin perder de vista algo: lo pasaremos bien, somos un equipo. Una boda sin guiños, sin complicidad y sin confeti no es una boda. ¿Están listos? Pues ¡lluvia de confeti y empezamos! Repitan con nosotros: ¡sí, acepto!

Wendy, Jose y Marina
Bodas de Cuento
The Wedding Designers

Esta es su boda

PORQUE SOLO SE CASARÁN UNA VEZ,
HAGAN LA BODA
QUE REALMENTE QUIEREN.

Celebren el amor
SUENA CURSI, PERO UNA BODA DEBERÍA SER
la fiesta del amor

RÍAN Y LLOREN. PÓNGANSE NERVIOSOS.
SALTEN. BAILEN.

BÉSENSE AUNQUE NO SE LOS PIDAN.
DISFRUTEN EL UNO DEL OTRO.

Abracen a sus amigos
aunque sean un poco cabroncitos.
PRECISAMENTE POR SER UN POCO CABRONCITOS.

DISFRUTEN CON SU FAMILIA,
LA DE SIEMPRE Y LA NUEVA.
HAGAN QUE ELLOS DISFRUTEN

ATRÉVANSE A TENER LA BODA
QUE SIEMPRE
HAN QUERIDO
TAL COMO QUIEREN QUE SEA.

TANTO COMO USTEDES
Y REGÁLENLES
UNA BODA
QUE NO OLVIDEN NUNCA.

SI NO QUIEREN BAILAR UN VALS, NO LO BAILEN
BAILEN UN ROCK
SI ES LO QUE LES APETECE
O SU CANCIÓN PREFERIDA, AUNQUE NO ESTÉ DE MODA.

ESTA ES SU BODA.
HÁGANLA COMO QUIERAN.
¡DISFRUTEN!

Consejos previos llenos de cariño

Antes de sumergirnos en el apasionante proceso de los preparativos, queremos ofrecerles algunos consejos. Y se los damos desde el corazón y con la perspectiva que da la experiencia de haber vivido muchas bodas y de conocer a muchas parejas que han pasado por los mismos puntos de este viaje que ustedes. Nosotros mismos estuvimos en su lugar un día, cuando fuimos novios y organizamos nuestras propias bodas. Los entendemos a la perfección, así que tomen esto como el abrazo de un buen amigo, de alguien que los aprecia y quiere ayudarlos. ¿Nos lo permiten? Pues venga ese abrazo y esa ronda de consejos, chicos.

- El primero de todos es una frase que leerán muchas veces en este libro: **hagan su boda como quieran**. Es nuestro *leitmotiv*. Y es que creemos firmemente en que es así como deberían hacerse todas las bodas. Cuando entiendan que esto es posible se llevarán una gran alegría. Ya lo verán...

- A veces necesitamos un pequeño empujón para tomar decisiones, porque tenemos miedo a equivocarnos. Aunque puedan aconsejarlos y darles apoyo, al final tendrán que ser ustedes quienes decidan, y puede ser que en algún momento elijan la opción menos acertada. No se torturen si eso ocurre: **aprendan a relativizar**.

- **Preparar una boda es como vivir en una montaña rusa de emociones.** Habrá días en los que estarán pletóricos y otros en los que los dominarán los nervios. Aprenderán a convivir con esta locura de sensaciones y, créannos, ¡es hasta divertido!

- **Mantengan los pies en el suelo.** Cuando se planifica y diseña una boda hay que ser consciente de hasta dónde se puede llegar en todos los sentidos, siempre. No hay bodas mejores o peores, esto no es una competencia. Y nuestro foco es nuestra boda, ¿verdad? Y va a ser taaan genial...

- Cuando tomen una decisión y estén seguros de que eso es lo que quieren para su boda, **pasen página**. Ahí fuera seguirá habiendo más inspiración y más posibilidades, pero hay que aprender a decir *stop!* y aceptar que hemos tomado una decisión convencidos de que es justo lo que queríamos.

- Estamos preparando una boda, no cien. Todo no puede ser, **siempre hay que renunciar a algo**: por presupuesto, porque no cuadra con el estilo que hemos fijado o por falta de tiempo. ¡Y no pasa nada!

- Su familia y sus amigos son importantes para ustedes. Si no, no estarían preparando esta fiesta para disfrutarla con ellos. **No los olviden ni los dejen de lado**; ellos querrán compartir este proceso con ustedes porque su boda les hace felices. Y los necesitarán en muchos momentos, seguro. Aunque ustedes tienen las riendas, no los excluyan; eso les entristecería.

- Los preparativos de una boda a veces nos sumergen en un pequeño caos diario: hay muchas cosas que decidir, preparar..., y a menudo poco tiempo libre para hacerlo. No olviden que **son un equipo**; son dos para todo, tanto para repartir tareas como para tomar decisiones. Llevan la camiseta del mismo equipo, así que ¡salgan a ganar!

- En medio del estrés que suponen las llamadas de confirmación de citas, los correos a los proveedores, la decisión de si se quedan con esto o con lo otro, estaría genial que de vez en cuando se permitieran ir al parque a hacer un picnic, sacar unas entradas para ir a ver esa peli que tanto les apetece o pasar la tarde del domingo en piyama, en el sofá, platicando. Todo puede esperar unas horas, se los aseguramos. **Tómense un día de descanso de la boda a la semana** y limítense a disfrutar de estar juntos. Será una buena inyección de energía (y amor) para seguir adelante.

 Todas las fotos de este libro son de bodas organizadas y diseñadas por nosotros. ¡Disfrútenlas!

PASOS PARA PREPARAR UNA BODA GENIAL

	+ 7 meses		6-3 meses			
	Meses que faltan					
	+ 12	11-7	6	5	4	3
Crear la carpeta del bodón	▓					
Definir el estilo	▓					
Fijar el presupuesto	▓					
Decidir el tipo de boda	▓					
Elaborar la lista de invitados	▓					
Fijar la fecha	▓					
Elegir y reservar el lugar (ceremonia y banquete)	▓					
Contratar al fotógrafo	▓					
Contratar al videógrafo	▓					
Contratar la música	▓	▓				
Contratar al estilista y el maquillaje	▓	▓				
Contratar al maestro de ceremonias	▓	▓				
Contratar el transporte de los invitados	▓	▓				
Contratar el transporte de los novios	▓	▓				
Elegir el vestido de novia (zapatos, lencería, accesorios)	▓					
Elegir y encargar/preparar los detalles de los invitados						
Preparar el viaje de novios			▓			
Elegir el traje del novio (zapatos, camisa, accesorios)				▓		
Diseñar la imagen gráfica			▓			
Diseñar e imprimir las invitaciones				▓		
Apuntarse a clases de baile					▓	
Realizar pruebas de peinado y de maquillaje						▓
Entregar/enviar las invitaciones						
Encargar las flores (decoración, ramo y complementos)						▓
Encargar los anillos						
Encargar el pastel						
Elaborar la lista de canciones must play (y must not play)						
Definir los regalos especiales y las canciones						
Definir el seating plan						
Confirmar todos los proveedores						
Grabar CD y una memoria USB con canciones especiales						
Imprimir la papelería (misales, minutas, seating plan...)						
Realizar la prueba final del vestido						
Realizar la prueba final del traje						
Recibir los últimos retoques de belleza (manicure, pedicure...)						
¡Dejarse consentir y disfrutar!						

2 meses				1 mes				Día anterior	Día B
Semanas que faltan									
8	7	6	5	4	3	2	1		

Recuerden que el tiempo es flexible. Esto es solo una orientación. Si disponen de menos tiempo, no se agobien. Adapten este cronograma a su realidad.

Antes de la boda

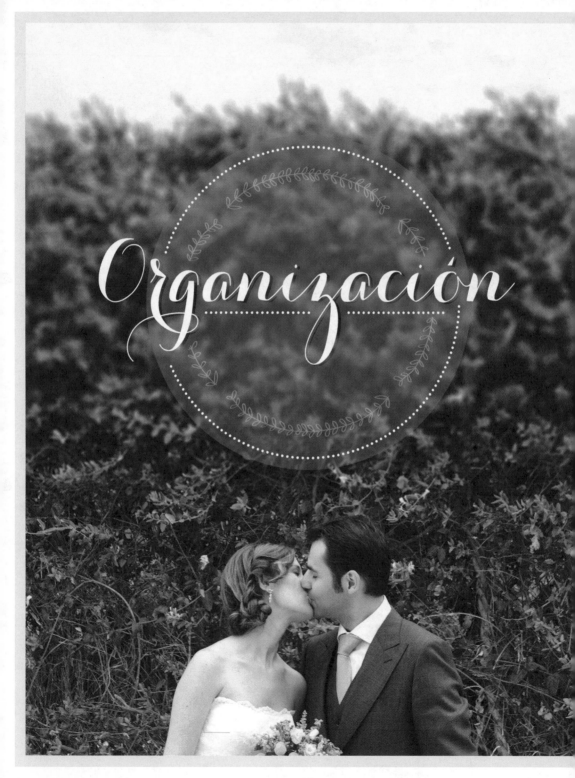

Organización

LA INSPIRACIÓN

La inspiración no es solo cosa de escritores, compositores y pintores. Cualquier proceso creativo (y diseñar una boda lo es) necesita empaparse de ella. Ustedes también necesitan encontrarla en forma de ideas, imágenes y sensaciones para poder dar estilo a su boda. Puede ser una labor complicada si no saben cómo organizarla, pero vamos a mostrarles algunos atajos para llegar a los lugares más interesantes y a explicarles cómo programar esta tarea para que sea mucho más fácil.

¿Dónde buscar inspiración?

En el mundo del diseño de las bodas, hay dos canales donde podemos encontrar inspiración en estado puro. Son el mundo *online* y el *offline*. Veamos qué nos ofrecen.

INSPIRACIÓN ONLINE

BLOGS

Cuando los blogs de bodas cobraron fuerza hace unos años en el mercado anglosajón, se convirtieron en auténticas minas de inspiración, y sus editores se erigieron en cazatendencias del panorama «bodil». El fenómeno *wedding blogger* se fue extendiendo poco a poco y por fin llegó a nuestro país como una auténtica revolución. A pesar de que seguimos influenciados por la estética de las bodas estadounidenses, hay un movimiento dentro de nuestras fronteras que trabaja para que todas las bodas tengan el mismo peso y el mismo protagonismo. Quién sabe, quizá su boda sea algún día protagonista de uno de esos blogs, por lo estilosa y especial que fue. No estaría mal, ¿eh?

En relación con el fenómeno de los blogs de bodas, creemos que hay una parte positiva pero otra negativa. Positiva porque descubrirán ideas que jamás se les habrían ocurrido y porque entre todos, mostrando cada vez más bodas diferentes, singulares, elegantes y bien diseñadas, estamos logrando que el criterio del sector cambie, que la boda deje de ser un acontecimiento obsoleto, fotocopiado y carente de originalidad y buen gusto. Pero ese exceso de información e imágenes también puede llegar a ser negativo, pues en ocasiones verán cosas preciosas que no se corresponderán con su presupuesto, y eso es algo un tanto frustrante. Como ya hemos dicho, cuando se planifica y diseña una boda hay que mantener los pies en el suelo. Tal vez no podamos alquilar un palacete veneciano lleno de lámparas de cristal, pero si ese es nuestro estilo tendremos que buscar un lugar que se ajuste a nuestras posibilidades y trabajar con la decoración para potenciar el efecto que queremos conseguir.

Estos son algunos de nuestros blogs de referencia:

Ruffled

Green Wedding Shoes

Style Me Pretty

100 Layer Cake

Once Wed

The Sweetest Occasion

WEBS DE PROFESIONALES

Todos los que nos dedicamos a este sector somos conscientes de la importancia de enseñar nuestros trabajos. Por eso, las webs de los profesionales del ámbito (*wedding planners*, fotógrafos, videógrafos, floristas, diseñadores gráficos, etc.) pueden ser también un lugar donde encontrar ideas. Hay trabajos realmente increíbles que los inspirarán para su boda, tanto dentro como fuera de nuestro país. Hagan una lista de esas webs y no dejen de visitarlas.

Si no han oído hablar de Pinterest, ya se están tardando en ir a buscar la *tablet* o la lap y echar un vistazo a este enorme escaparate de *bonitismo*. Se trata de una red social que permite a los usuarios guardar y compartir fotos que aparecen en webs y blogs por categorías y organizarlas por «tableros». Pues bien, una de las categorías más populares es la de bodas. Allí podrán conocer los gustos de referentes del sector (editores de conocidos blogs, diseñadores, fotógrafos, etc.) y que a su vez son cazadores de tendencias. Dispone de aplicación para dispositivos móviles, de modo que cualquier pausa o tiempo de espera puede ser un buen momento para recopilar inspiración para su boda. Y, créannos, es adorablemente adictivo. Pueden echar un vistazo a nuestra inspiración preferida en nuestros tableros de Pinterest.

Además de Pinterest, hay otras redes sociales, como Loverly, que funcionan de un modo parecido. Investiguen un poco y quédense con la que más les guste.

E-MAGAZINES

Hace unos años surgieron los *e-magazines*, revistas de publicación *online*. Están estructuradas igual que las revistas impresas en cuanto a secciones y contenidos. Las primeras que conocimos venían de Estados Unidos, pero desde hace un par de años contamos en nuestro país con algunas publicaciones llenas de tendencias, ideas y contenido de bodas. Algunas son *Vogue Bodas y Vanidades novias*. Su publicación suele ser semestral y les recomendamos que también las usen en la búsqueda de inspiración. Quizá entre sus páginas esté alguna de las ideas más especiales que luego aplicarán en su boda...

REVISTAS DE NOVIAS

Y disculpen que los excluyamos a ustedes, queridos, pero estas revistas especializadas se concibieron para deleitar a las novias. Editoriales de moda nupcial; reportajes de bodas reales; tendencias en maquillaje, peluquería y complementos; sugerencias de destinos de lunas de miel... Sus contenidos nos hacen soñar con bodas de «revista». Muchas chicas incluso empiezan a coleccionarlas antes de haberse comprometido; han llegado a convertirse en objeto de culto. Su publicación es semestral. Las más conocidas de nuestro país son *Boda total*, *Vanidades Bodas* y *Vogue Bodas*.

También en las revistas de otras materias (decoración, moda, viajes, *lifestyle*...) pueden encontrar numerosas ideas. Permanezcan con los ojos bien abiertos y la pluma y la libreta siempre a mano. ¡La inspiración se presenta sin avisar!

LIBROS

El que tienen en las manos, por ejemplo. Pensado y escrito para ser una fuente de inspiración para su boda. No estamos acostumbrados a encontrar este tipo de obras en el mercado español, pero hay muchos títulos interesantes en inglés.

FERIAS ESPECIALIZADAS

Durante años las ferias han sido el lugar donde las parejas podían conocer de primera mano proveedores y servicios que contratar para su boda; era la forma de llegar masivamente al público objetivo. Aunque siguen vigentes en muchas ciudades, hoy en día el formato ha evolucionado y se busca que estos escaparates sean más selectos, aporten valor y se conviertan en una experiencia para las parejas de novios que las visitan. Surgen así otro tipo de exposiciones, alejadas del circuito de los recintos de ferias de muestras, que se alojan en edificios singulares y donde se dan cita un pequeño número de empresas del sector que comparten filosofía.

LA VIDA EN GENERAL

Además de las revistas y los libros, el mundo *offline* está repleto de estímulos. Un paseo por el campo, una exposición, una tarde en un barrio bonito, una cena en un restaurante especial, una peli, un fin de semana romántico o una conversación con amigos: cualquier momento en el que puedan abstraerse y disfrutar de lo que tienen cerca puede ser maravillosamente inspirador.

¿Cómo organizar la inspiración?

PONGAN UN POCO DE ORDEN

Creen una carpeta en su computadora donde organizar todos los archivos relativos a la boda. Dentro de esta carpeta general pueden crear subcarpetas convenientemente jerarquizadas donde guardar las ideas de inspiración: fotos de sus blogs favoritos, paletas de color, los *looks* que más los identifican, diseños de vestidos y trajes, trabajos de sus videógrafos preferidos, etc.

Esta sencilla organización por categorías les permitirá acceder a toda la información durante el proceso y ver cómo van evolucionando algunas ideas iniciales, cuáles acaban descartando y cómo van cobrando fuerza algunas otras.

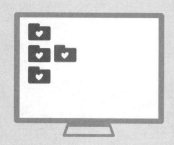  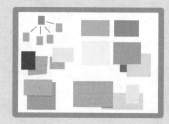

TENGAN UNA LIBRETA Y UNA PLUMA SIEMPRE A MANO

O las hojas de notas del celular, o la servilleta de papel de la cafetería: cualquier lugar donde anotar un *tip*, una web o cualquier idea repentina. Preparar una boda hace que nuestra cabeza funcione a mil revoluciones por minuto. No confíen en guardar todas esas anotaciones en el disco duro mental, pues no es fiable al cien por cien. Por eso les recomendamos que lleven siempre encima «la libreta de la boda». Cuando esta acabe y vean todo lo que apuntaron en ella, seguro que se les cuelga una sonrisa en la cara.

CREEN SU PARTICULAR PANEL DE INSPIRACIÓN

Los diseñadores trabajamos con paneles de inspiración (en inglés se denominan *inspiration boards*) para definir el estilo de cada boda. Si se les dan bien los programas de diseño, pueden realizar el suyo con las fotos de los blogs y webs que han ido guardando. Si lo suyo es el *craft*, pueden hacer *collages* con imágenes, pedazos de muestras de telas, cintas, trozos de diferentes papeles y todo lo que se les ocurra para crear ese panel de inspiración que hasta puede servir para decorar la pared de un estudio o zona de trabajo. Conviértanse en los propios diseñadores de su boda. ¡Es muy divertido y estimulante!

Además, este panel será también una herramienta para que los proveedores puedan captar rápidamente el estilo que buscan. No duden en usarlo en las reuniones con su florista, con el diseñador del vestido, con el diseñador gráfico al que le encarguen la papelería, etc.

Su estilo de pareja

Definir su estilo va a determinar la mayoría de las decisiones estéticas de su boda (que son casi todas). Tómense el tiempo que haga falta en este punto, porque es realmente importante. Puede ser un ejercicio difícil, ya que cuando empezamos a pensar en nuestra boda un montón de estímulos visuales e ideas empiezan a rondarnos por la cabeza. Piensen en cómo la imaginan, en qué va con su personalidad como pareja, en qué cosas hablan de su historia, de sus gustos... Encuentren su esencia, cómo son (no cómo quieren que los demás los vean); de este modo su boda será auténtica y les costará mucho menos diseñarla y organizarla.

Determinen qué les apetece. Las parejas suelen querer cosas concretas para su boda, y eso sin duda hace que el estilo sea uno u otro. Si no se sienten inspirados, a veces una canción, un color o unas flores pueden ser la chispa que encienda la maquinaria. De repente las ideas fluyen solas y, *voilà!*, han encontrado su estilo.

Por ejemplo, unos de nuestros clientes tenían muy claro que lo suyo no eran las bodas convencionales. Querían un lugar que no los obligara a hacer un banquete al uso, donde el grupo del novio pudiera tocar durante el baile, y que toda la boda tuviera un carácter más parecido a una fiesta. ¿Les gustaría ver el resultado? No se pierdan la boda industrial (páginas 230-239).

El estilo de su boda

Ahora que se han convertido en expertos en tendencias —con toda la inspiración que han ido recopilando—, saben cómo son y han encontrado su estilo, llega el momento de (¡redoble de tambores!) definir el estilo de su boda.

Esta también puede ser una tarea complicada, porque seguramente tendrán en mente muchas ideas diferentes, a veces eclécticas, y es posible que se sientan confundidos acerca de cuál es su estilo preferido. En ocasiones sucede justo eso: te enamoras de tantos estilos diferentes que se crea un tótum revolútum en tu cabeza. Tendrán que aprender a filtrar y a descartar ideas si no quieren convertir su boda en un coctel de conceptos un tanto peligroso desde el punto de vista estético.

Tranquilos, tómenlo desde la perspectiva de un juego. Iremos por partes y veremos algunos de los estilos que más gustan hasta que demos con el suyo.

Diferentes estilos, diferentes bodas

Etiquetar las cosas puede dar una sensación demasiado férrea, pero, cuando hablamos de diseño de bodas, de un modo u otro tendemos a buscar una palabra que defina el estilo. No somos partidarios de tematizar una boda porque sí, sin que nada tenga que ver con la pareja. Aquí tienen unos cuantos consejos antes de empezar a ver los diferentes estilos que queremos presentarles:

1. Busquen un estilo con el que se sientan cómodos.
2. Olvídense de las modas. Lo importante no es lo que se lleva, sino cómo lo lleva uno mismo.
3. No pierdan de vista qué les «pide» el lugar de la celebración: unificar es siempre más fácil que buscar contrastes.

Un hilo conductor para toda la boda

Coincidirán con nosotros en que las bodas más bonitas son las que mantienen la coherencia entre todos sus elementos. Cuando diseñamos una boda, debemos tener en cuenta que cada pieza forme parte de un todo. Usar una paleta cromática ayuda a que los invitados perciban esa sensación de homogeneidad. Y todo es más agradable cuando se mantiene dentro de una misma estética y no hay estridencias.

El hilo conductor puede ser el tema de la boda (por ejemplo, Italia), un color, unas flores con las que decorar todos los espacios..., o todas esas cosas: una boda inspirada en la Italia de los años cincuenta, con el azul mediterráneo como color principal y con lavanda y rosas como flores más usadas.

Los estilos de boda más buscados

CLÁSICA

Posiblemente buscan una lugar campestre u hotel elegante y clásico, decorado con mucho gusto, en el que recrear un ambiente refinado. Les gustan las rosas, las peonías, las hortensias y la paniculata. Para su *look* de novios, sueñan con vestidos de corte clásico y chaqué y se imaginan la decoración en colores sobrios como el blanco o el *beige*. Quieren que en su día se respiren las costumbres de las bodas tradicionales, pero de una forma especial, aportando su propio estilo.

CAMPESTRE

Les encanta la naturaleza. Les gustan las flores del campo con un toque silvestre, como la lavanda, el diente de león o el tomillo. Se ven celebrando su boda al aire libre, entre bosques o campos. Adoran lo rústico y lo auténtico, con toques amaderados y texturas naturales, como el mimbre y el zinc. Seguro que las novias amantes de lo campestre quieren un vestido con mucha caída, con telas vaporosas que se dejen llevar por la brisa del campo.

VINTAGE

Les gusta ese sabor tan especial de los objetos de antaño, como las máquinas de escribir, los muebles de otra época y las máquinas de coser de las abuelas, y quieren usarlos en la decoración de la boda, dándoles un protagonismo especial. Un vestido de novia de otra época sería el *look* perfecto. Si este es su estilo, seguro que ya están buscando y recopilando libros antiguos, baúles, botellas talladas y recipientes de porcelana para llenar de flores.

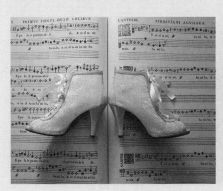

MODERNA

Son unos novios de hoy en día y quieren que su boda sea una muestra de ello. Les gustan los espacios con aire actual y moderno y los muebles de diseño. Tienen predilección por todas las novedades y les encanta ser originales. Su traje y su vestido ideal son modernos, de líneas atrevidas y con mucha personalidad. Quieren para la decoración de su boda un aspecto minimalista y colores vibrantes. Un *lounge* para la recepción o el coctel conseguirá darle ese ambiente tan chic que buscan.

URBANA

Aman la ciudad, es su lugar favorito. ¿Y si celebran la boda en alguna terraza con vistas al *skyline*? ¿O en el restaurante de un hotel de diseño? En la ciudad es fácil combinar lo antiguo y lo moderno. Por ejemplo, si optan por casarse en una iglesia llena de historia, pueden hacer la celebración en un hotel de vanguardia. Su sesión de fotos podría tener lugar por las callejuelas del centro y en las principales vías de la ciudad, en medio del tráfico y los semáforos. ¿Se imaginan el contraste?

ROMÁNTICA

El sitio que buscan es un lugar de ensueño, con un salón espectacular, quizá rodeado de grandes ventanales o espejos, con enormes lámparas de cristal de araña, cientos de velas y sillas de estilo Napoleón. Les gustan los tonos empolvados y la decoración elegante. Para la novia enamorada de este estilo el vestido ideal será el que la haga sentir como lo que es en el día de su boda: una auténtica princesa.

CRAFTY (DIY)

Les gusta cuidar todos los detalles, son habilidosos y saben que van a disfrutar en la preparación de su boda haciendo muchas cosas ustedes mismos: las invitaciones, los centros de mesa o los regalos para los invitados. Sus materiales preferidos son el papel *kraft*, el *washi tape*, las telas y todo aquello que dé un toque natural y de hecho a mano. Seguramente les apetece una ceremonia al aire libre y un banquete con mesas alargadas, todo decorado con su estilo particular.

EL PRESUPUESTO

¿CUÁNTO CUESTA UNA BODA?

Ha llegado la hora de fijar el presupuesto. Posiblemente esta sea una de las tareas más difíciles de la boda, pero es la base de todo. Por eso es imprescindible que se sienten un ratito a pensar cuánto dinero se van a gastar y en qué.

Sí, ya sabemos que determinar una cifra antes de empezar con los preparativos y conseguir que finalmente se ajuste a la realidad es pura ciencia ficción. Más aún si, como seguramente es su caso, esta es la primera vez que se casan. Que no cunda el pánico: les ayudaremos a hacer una previsión lo más realista posible.

Primero tienen que preguntarse: «¿Cuánto queremos invertir en nuestra boda?» Si están leyendo este libro, sin duda quieren una boda espectacular y, por tanto, es posible que la respuesta sea: «Lo que haga falta.» En tal caso vamos a reformular la pregunta: «¿Cuánto pueden invertir?» Esto es más realista... y relativamente sencillo de calcular.

Imaginemos que tenemos tres costales:

| El dinero que
tenemos ahora | El dinero que
esperamos ingresar | El dinero para
después de la boda | El presupuesto
de la boda |

En el primer costal meteremos el dinero que tenemos ahora. Es posible que alguien piense: «Tampoco necesito tanto dinero ahora. Total, la boda se paga prácticamente con los regalos de los invitados.» Aunque esto fuera cierto (y muchas veces no lo es), necesitan liquidez al empezar el proceso de organización, ya que, si bien el grueso de los pagos tendrán que hacerlo cerca de la boda (o incluso después), la mayoría de los proveedores que vayan contratando les pedirán que abonen una parte de sus honorarios para reservar sus servicios (entre el 20 o el 30 por ciento del precio).

Un inciso: en el costal de dinero que tenemos ahora también deberíamos meter el dinero que aportan nuestros padres, si este es su caso. Aunque la tendencia en los últimos tiempos es que los novios asuman el control de la boda y por tanto la paguen (pues ya son mayorcitos), lo cierto es que muchos de ustedes contarán con la ayuda de sus padres... Incluso puede haber novios «afortunados» cuyos padres paguen toda la boda. ¿Por qué hemos entrecomillado la palabra «afortunados»? Pues porque, normalmente, los padres que pagan deciden mucho... y los novios que no pagan deciden poco. Sí, amigos, este suele ser el peaje que hay que pagar.

El segundo costal es el del dinero que esperamos recibir. Sí, sí, sí... ¡Ya lo sabemos! «Recibir» es una palabra horrorosa. No se casan para recibir dinero ni para hacer negocio, por supuesto. Peeeeeeeero lo cierto es que esperan regalos, y es muy probable que una buena parte de esos regalos lleguen en forma de dinero contante y sonante. Y no lo vamos a rechazar ni nos vamos a sentir mal, ¿verdad? Pues eso. Ahora bien, aunque cuenten con unos regalos supergenerosos de sus fantásticos amigos y familiares, que los quieren mil, ¡mucho cuidado! No sean excesivamente optimistas en sus previsiones, o corren el riesgo de llevarse una desagradable sorpresa.

Por último, tenemos que decidir cómo queremos que sea el costal del dinero para después de la boda. Que quede claro que este saco no es el del beneficio de la boda (de hecho, ese saco casi nunca existe), sino el que contiene el dinero del que dispondrán cuando la boda haya terminado, y que, con un poco de suerte, será igual o parecido al que tenían antes de empezar. Porque después de todo este relajo la vida sigue... y tendrán que seguir pagando el alquiler o la hipoteca, ir al súper a hacer las compras e incluso salir al teatro de vez en cuando. Estamos seguros de que no quieren empezar su nueva vida con agobios, así que sean previsores, chicos.

> **El presupuesto de nuestra boda es igual al dinero que tenemos más el que creemos que vamos a recibir menos el que queremos conservar después de la boda.**

Está bien, ya sabemos cuánto podemos invertir en la boda. Es el momento de decidir cómo lo vamos a distribuir.

La clave: **establezcan prioridades**.

Estaremos de acuerdo en que todos somos distintos. Por tanto, ustedes, que son una pareja única, cuenten con un presupuesto determinado para invertir en la boda que ustedes quieren. Sí, ustedes son quienes tienen que decidir cuáles son sus prioridades: qué cosas son más importantes para ustedes y en cuáles están dispuestos a gastar menos o incluso nada. Por tanto, una vez más, deben sentarse, reflexionar y decidir.

El objetivo en este momento no es hacer un presupuesto perfecto y preciso, sino determinar cuánto se van a gastar y en qué prefieren gastarlo. Ya verán cómo después de haber resuelto esto se sienten mucho más relajados y disfrutan más aún del proceso de la boda.

Hemos preparado esta sencilla plantilla con algunas de las partidas principales para que les asignen cantidades aproximadas:

El vestido de la novia (zapatos, complementos, crinolina, ropa interior...)

El traje del novio (zapatos, mancuernillas, complementos...)

Las fotos

El video

El banquete (incluyendo barra libre, alquiler del espacio...)

La ceremonia (oficiante, sonorización, decoración...)

La decoración (centros de mesa, photobooth...)

La papelería (invitaciones, menús, seating plan...)

La música (para la ceremonia, el coctel, el baile...)

Candy bar o mesa de postres

El ramo de la novia (prendido para el novio...)

Su transporte

El transporte de los invitados

Anillos

Detalles para los invitados

Peluquería, maquillaje y estética (incluidas las pruebas)

Su alojamiento el día de la boda

El viaje de novios

El siguiente paso consiste en decidir qué tipo de boda quieren. ¿Se lo han preguntado ya? Pues este es el momento:

> **Pregunta: ¿Qué tipo de boda queremos?**
>
> Respuesta:

Si la respuesta ha sido «una boda *vintage*» o «una boda chula» o algo similar, tenemos que decirles que no van bien encaminados. Recuerden que eso son estilos. Ahora nos referimos a algo más general, pero que es la base sobre la cual se cimienta el resto de la boda.

Por lo general, las bodas se pueden clasificar atendiendo a tres criterios: por su naturaleza legal, por su tamaño y por su grado de formalidad. Por tanto, estas son las siguientes decisiones que deben tomar:

Primera decisión: boda civil o religiosa

Como siempre, esta es una decisión íntima que solo debe incumbirles a ustedes. No olvidemos que lo más importante de su boda es que se quieren, se comprometen a seguir queriéndose y lo celebran con las personas que los quieren.

BODA RELIGIOSA

Si la religión está en su esencia, su cultura o su educación, lo lógico es que preparen una ceremonia religiosa (muy probablemente católica, si están en Latinoamérica).

Para ello, el primer paso que tienen que dar es ir a hablar con el párroco de la iglesia donde se quieren casar. Él les informará de la documentación que necesitan, de cómo pueden conseguirla, de los requisitos que deben cumplir, de las fechas disponibles para la celebración, etc.

BODA CIVIL

Si no son creyentes, la mejor opción es que organicen una boda civil. Les aconsejamos que se informen de los trámites necesarios en el registro civil de su ciudad o en su ayuntamiento si viven en una localidad pequeña, ya que los requisitos y los períodos de tramitación de permisos varían bastante según el lugar. Además, les conviene saber que para que las ceremonias civiles tengan validez legal la mayoría de los ayuntamientos exigen que se celebren en las sedes establecidas para ello (ayuntamiento, juzgado...). Aunque la ley contempla que los funcionarios habilitados para celebrar bodas puedan trasladarse (previo pago de los derechos correspondientes), lo cierto es que no suelen dar muchas facilidades para oficiar la ceremonia fuera de sus (a veces frías) instalaciones.

¿Sabían que la mayoría de las ceremonias que se desarrollan en lugares campestres, hoteles y otros espacios habituales de celebración de bodas no gozan de validez legal? Los novios que buscan una ceremonia más personal, emotiva y cálida muchas veces se toman la ceremonia «legal» como un trámite. Así, celebran la «auténtica» ceremonia, la que para ellos tiene verdadero valor sentimental, en el lugar que hayan elegido, oficiada por alguien significativo, el día y a la hora que más les convengan... De hecho, en muchas ocasiones, ambas ceremonias ni siquiera tienen lugar el mismo día.

Por último, si se encuentran en ese numeroso grupo de personas que han sido educadas cultural y socialmente en una religión pero que no la practican, tendrán que decidir qué pesa más para ustedes. Recuerden la máxima una vez más: la decisión es suya.

Tanto si han optado por una boda religiosa como por una boda civil, tengan en cuenta que:

Los quince días de permiso por matrimonio que por ley corresponden a todo trabajador empiezan a contar desde la fecha de la ceremonia legal.

Para garantizar que no tendrán problemas con las fechas deberán empezar los trámites como mínimo con seis meses de antelación (y si puede ser un poco antes, mejor).

Segunda decisión: muchos invitados o pocos invitados

En esta decisión influyen varios factores: el presupuesto (por razones obvias), que provengan de familias numerosas y bien avenidas, que tengan muchos amigos, los compromisos laborales que deban cumplir...

Respecto a esto, repetimos una vez más: hagan lo que de verdad les apetezca. Ese debería ser el factor principal por encima de cualquier otro. Si les apetece una boda íntima a la que solo asistan las personas realmente importantes para ustedes, los que los quieren de verdad, ¡perfecto! Si siempre han soñado con una fiesta multitudinaria con cabida para toda su familia, sus compañeros de trabajo, los amigos del pueblo, los amigos de sus padres, la vecina de su abuelita, que no les toca nada pero es muy mona ella..., ¡perfecto también!

Para tener en cuenta

Una boda con muchos invitados es más costosa en cuanto a presupuesto, pero también en cuanto a esfuerzo y complicaciones. No es lo mismo encontrar un local para cincuenta invitados que para trescientos, ni entregar y confirmar cincuenta invitaciones que trescientas. Lo mismo sucede a la hora de decidir con quién se sienta cada invitado en el banquete, etc.

Plantear una boda íntima puede conllevar tensiones y van a necesitar mucha seguridad. ¿Van a entender sus padres que no inviten a sus amigos? «Pero ¡si ellos nos invitaron a la boda de su hija! ¿Cómo les vamos a hacer este feo?» Incluso ustedes como pareja, ¿tienen claro dónde van a poner el límite? ¿Quién entra y quién se queda fuera? Si surge un «desencuentro» entre ustedes, recuerden que la boda es de los dos, que ceder y comprender lo que es importante para el otro es un acto de amor, y el amor es el motor de su boda. ¡Respiren hondo!

Tercera decisión: boda formal o informal

Nos da en la nariz que esta va a ser una de las decisiones más fáciles. Veamos: ¿alguno de los dos pertenece a los cuerpos de seguridad? ¿Entre sus invitados va a haber autoridades políticas, eclesiásticas o militares? ¿Algún embajador? ¿Tal vez algún miembro del gobierno? ¿No? Pues entonces pueden relajarse.

La verdad es que la inmensa mayoría de las bodas no requieren una etiqueta estricta. Si quieren respetar ciertas normas mínimas de protocolo, mejor que mejor, pero si no lo hacen lo más probable es que no pase nada. De hecho, seguro que no pasa nada.

Si se encuentran entre ese reducido número de novios que sí quieren/necesitan guardar ciertas normas de etiqueta, tengan en cuenta que esto no afecta solo al día de la boda sino a todo el proceso: la pedida de mano, el anuncio de la boda, las invitaciones, etc. En cualquier caso, si lo que buscan es una guía de protocolo, sentimos decirles que este no es su libro. Si lo que buscan es diseñar una boda genial, sigan leyendo.

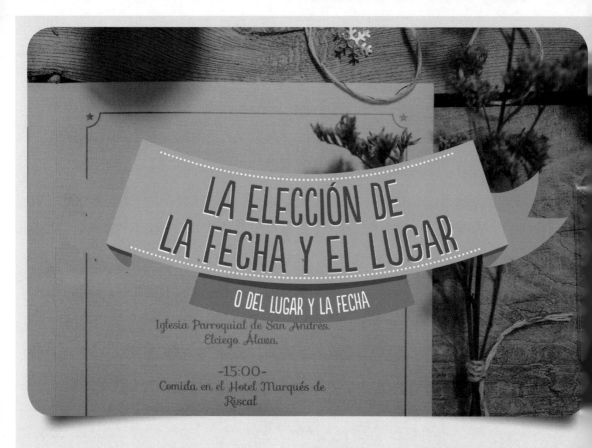

LA ELECCIÓN DE LA FECHA Y EL LUGAR

O DEL LUGAR Y LA FECHA

Iglesia Parroquial de San Andres.
Elciego, Álava.

–15:00–
Comida en el Hotel Marqués de
Riscal

¿Cuándo y dónde? Posiblemente es una de las decisiones más importantes, pero no tiene por qué ser la más difícil. Como casi siempre, es cuestión de priorizar. ¿Para ustedes qué es más importante: casarse en una fecha concreta o en un sitio determinado? Si su boda tiene que ser imperiosamente el día de San Cucufato porque son muy fans de este santo, no les queda más remedio que casarse en un lugar que tenga disponibilidad en esa fecha. Si, por el contrario, siempre han soñado con celebrar su boda en el Gran Hotel porque tiene unas vistas maravillosas y sus jardines huelen a lavanda, tendrán que elegir entre una de las fechas que les ofrezca este establecimiento. Pero cuidado, porque, si solo tiene disponibilidad en otoño, la lavanda no olerá a nada, y eso era importante para ustedes también.

Lo cierto es que la mayoría de los novios son relativamente flexibles en ambos aspectos. El proceso es casi siempre como sigue:

«Nos gustaría casarnos hacia finales del verano porque todavía hace buen tiempo, hay más horas de luz y estaremos bronceados. Además, queremos celebrar la boda lo más cerca posible de nuestra ciudad, en un lugar con amplios jardines que tenga un lago con patos atravesado por un puente de madera... y que, por supuesto, esté dentro de nuestro presupuesto.»

En tal caso deben investigar qué lugares hay en su entorno que reúnan estas características y consultar su disponibilidad. A lo mejor resulta que el único que está libre en septiembre no tiene ni patos ni puente de madera, o que hay uno que se ajusta bastante a sus preferencias estéticas pero está un poco más lejos de lo que querían.

Lo que deben entender antes de empezar este proceso es que siempre van a tener que renunciar a algo. Porque no existe el lugar perfecto, o el lugar perfecto solo tiene disponibilidad para dentro de dos años (con lo cual deja de ser perfecto), o es demasiado caro... Pero, por favor, no pierdan la ilusión. Su boda va a seguir siendo la mejor boda de la historia y está en sus manos disfrutar de todo el proceso. No hay duda de que encontrarán el mejor lugar y la mejor fecha para celebrarla. ¡Venga, vamos a ello!

La fecha

¿Cuándo nos casamos? Cuando les apetezca, por supuesto. Dicho esto, vamos a exponerles qué posibilidades hay, con los pros y los contras de cada una de ellas.

Hablando en términos muy generales, podríamos decir que el 90 por ciento de las bodas tienen lugar entre los meses de abril y octubre. Es lo que llamamos «la temporada de bodas». La razón, obviamente, es nuestro querido clima. Parece ser que la mayoría preferimos casarnos en los meses de buen tiempo: temperaturas suaves, días largos, mucha luz...

El tiempo. Esa es la gran ventaja de las bodas de temporada... y, si nos paramos a pensar, casi la única. ¡Ojo! Es una ventaja muy poderosa, pero ¿realmente elegimos casarnos en estos meses porque para nosotros es tan importante el buen tiempo? Puede que también haya un componente cultural. Prueba de ello es que en otros países hay un número parecido de bodas durante todos los meses del año y en cualquier día de la semana. Sea como sea, la tendencia en nuestro país es que la temporada se alargue cada vez más: ahora empieza en marzo y acaba muchas veces en noviembre o diciembre. O sea, se celebran bodas durante todo el año, pero muchas menos en los meses fríos.

Por otro lado, las ventajas de casarse fuera de temporada, aunque tal vez no sean tan potentes, son numerosas. La primera y más evidente, el factor económico. El mercado de las bodas, como cualquier otro, está regido por la ley de la oferta y la demanda. Explicado de un modo muy sencillo: si un restaurante tiene catorce solicitudes para celebrar una boda el sábado 7 de septiembre, se atreverá a ofertar precios relativamente altos porque sabe que alguien los aceptará. En cambio, si de repente le llega una solicitud para el 21 de enero, que además es martes (ejem), estará dispuesto a ajustar mucho más los precios porque no puede dejar pasar la oportunidad. Además, si hace falta, y como incentivo para que se decanten por ese lugar, quizá tenga un detalle especial, como regalarles la tornaboda o una hora extra de música.

Otra ventaja muy importante (y directamente relacionada con la anterior) es la disponibilidad de los proveedores. Tendrán muchas más opciones de contratar a los mejores fotógrafos, videógrafos, *caterings*..., porque durante esos meses tienen más fechas libres.

Más pros de las bodas de invierno: nadie se lleva decepciones con el tiempo (quien va a una boda en diciembre sabe que va a hacer frío sí o sí), los invitados no llegan saturados de bodas (quienes han ido a más de cinco bodas en un año ya saben a qué nos referimos)...

Otra posibilidad que pueden valorar es celebrar la boda en viernes. Sopésenlo, porque pueden conseguir descuentos considerables en los precios (sobre todo en los servicios asociados a la restauración). Sin embargo, si tienen invitados de fuera de su ciudad, no les recomendamos esta opción, pues suponemos que no querrán que se vean obligados a viajar deprisa y corriendo después de su jornada laboral (por no hablar de los que sencillamente no podrán asistir).

El lugar

A la hora de elegir el lugar ideal para celebrar la boda, la única regla que tienen que respetar es la de la coherencia. Por poner un ejemplo, si son una pareja urbana, no van a perder el tiempo mirando espacios para bodas en la montaña. Una vez que tengan claro lo que quieren (porque a estas alturas ya lo saben, ¿no?), verán como les resulta relativamente fácil encontrarlo. Desde luego, lo que sí les podemos asegurar es que si parten de esa sólida base se ahorrarán muchas tardes de visita a lugares que no tienen ninguna posibilidad de encajar en su estilo.

A continuación vamos a darles algunas pautas y consejos para que encontrar su sitio sea aún más sencillo.

CIUDAD O PLAYA

Si hubiera que hacer una clasificación muy general de las posibles localizaciones para una boda, nosotros haríamos esta: ciudad o playa.

Hace unos cuantos años, la inmensa mayoría de las bodas en nuestro país se celebraban en la ciudad o en núcleos urbanos. Esto obedecía principalmente a factores económicos y demográficos (era y es donde se concentra la mayor parte de la población), y los desplazamientos en general eran costosos y menos rápidos. Además, las bodas no tenían el carácter que han adquirido hoy. Si nuestros padres celebraban la suya en el mismo salón de banquetes donde ya la habían celebrado sus tres hermanos, pues no pasaba nada. Lo importante era saber que en ese sitio se comía bien y que entraba en su presupuesto.

En cambio, actualmente hay muchísima oferta tanto en el ámbito urbano como en el rural, y buenas comunicaciones para llegar a cualquier parte.

BODAS EN LA CIUDAD

Las bodas en la ciudad son por encima de todo cómodas: para los invitados, porque lo habitual es que la mayoría vivan en la propia ciudad y, por tanto, podrán desplazarse en auto, y también para los novios, porque se ahorrarán muchos desplazamientos (no solo el día de la boda, sino durante los preparativos). Si celebran el banquete en un hotel, ¿se imaginan la sensación de meterse en un elevador al terminar la fiesta, pulsar un botón y subir directamente a su habitación? Eso vale mucho.

La otra gran ventaja es económica: podrán ahorrar en los costos asociados a los desplazamientos (no habrá necesidad de poner autobuses para los invitados, por ejemplo).

Por último, y pensando en los invitados que vengan de otros lugares, las ciudades están mejor comunicadas y tienen mayor oferta hotelera que los entornos rurales.

BODAS EN LA PLAYA

Partiendo de la base de que su estilo encaja con la naturaleza y la tranquilidad, si se alejan de las ciudades tienen la posibilidad de encontrar arquitecturas espectaculares integradas en entornos naturales a los que muchos de los asistentes a la boda no estarán acostumbrados.

Es posible que tengan reparos para decirle a un invitado: «Ven a celebrar mi boda a un lugar precioso que está a tres horas en coche.» Es normal, lo entendemos. Pero no pasa absolutamente nada, siempre y cuando lo lleven a un sitio que valga la pena. Eso sí, les recomendamos encarecidamente que, antes de decidir que se casan en la playa, comprueben que las necesidades de alojamiento y desplazamiento de sus invitados quedan cubiertas, porque con esta elección se lo están poniendo un poco más difícil.

No es complicado encontrar sitios espléndidos si estamos dispuestos a ampliar un poco el radio de búsqueda. ¿No lo creen? Pues sigan leyendo.

APROVECHEN LA RIQUEZA DEL ENTORNO

Tenemos la gran suerte de vivir en un país con un patrimonio cultural, artístico, arquitec-
tónico y paisajístico impresionante. ¡Aprovechémoslo! Sea cual sea la región donde vivan,
si miran a su alrededor verán joyas arquitectónicas de todas las épocas y todos los estilos:
en las ciudades, edificios modernistas, edificios coloniales, iglesias barrocas...; en el campo,
haciendas y ranchos... En los últimos tiempos, muchos de estos edificios se han rehabilitado
y ofrecen la posibilidad de albergar todo tipo de eventos. Por soñar que no quede, ¿no?

BODAS AL AIRE LIBRE

Si se encuentran en ese 90 por ciento de parejas que prefieren casarse entre abril y octubre, tal vez se planteen celebrar su boda al aire libre.

Las ceremonias religiosas se desarrollan siempre en el interior de un templo consagrado (la liturgia es muy estricta en este sentido). Sin embargo, las ceremonias civiles a menudo tienen lugar en jardines u otros espacios al aire libre, especialmente aquellas que no gozan de validez legal y que por tanto se pueden celebrar donde, cuando y como los novios quieran.

No obstante, cuando hablamos de bodas al aire libre, lo primero que nos viene a la mente es el banquete. La idea, desde luego, suena muy apetecible. Una noche de verano, una brisa muy suave, una iluminación tenue y cálida que impregna todo el ambiente, el fresco aroma de los árboles cercanos... Mmmmmm, ¡qué maravilla! ¿Y si en vez de una cena es una comida? Sí... Mesas alargadas en una pradera de hierba de verdor exultante y bajo la sombra de unos manzanos en flor. Idílico, ¿verdad? Desde luego, si tienen la posibilidad de celebrar su boda de esta manera, les recomendamos que la aprovechen. Eso sí, vamos a contarles algunas cosas que deben tener en cuenta.

Para empezar, mosquitos, moscas e insectos en general, que tan necesarios son para el equilibrio natural pero que tanto nos incordian a los humanos. Si la boda es de noche, los mosquitos acudirán en hordas a las luces y pueden convertirse en algo realmente desagradable (no solo por las picaduras sino también porque pueden caer en la comida o en la bebida).

Si la boda es de día, pueden aparecer moscas y avispas con la intención de participar en el menú. La solución: hay que fumigar unos días antes. Y para ahuyentar a los mosquitos pueden usar velas o antorchas de citronela, e incluso pueden repartir a los invitados parches antimosquitos para que estén a salvo. ¡Hemos usado este truco en bodas al aire libre y funciona!

Luego está el tema del viento. Tengan en cuenta que un poco de viento ya es demasiado viento. Tendrán que prever pinzas para sujetar los manteles y, si quieren emplear velas, sus correspondientes portavelas, porque estas se apagan con la más mínima brisa.

Por supuesto, si la boda es de día tiene que haber sombra para todo el mundo (no se preocupen, que siempre habrá alguien que habría preferido estar al sol...). Si colocan el banquete bajo los árboles, tengan cuidado de que no caiga resina, hojas o insectos.

Dependiendo de su situación geográfica, las probabilidades de que tengan buen tiempo pueden variar bastante. Y con «buen tiempo» nos referimos a una temperatura agradable. No a que haga sol y calor. Aun celebrando la boda en unas latitudes donde el tiempo es perfecto el 99 por ciento de los días, siempre hay una posibilidad de que se estropee. Y no querrán dejar un aspecto tan importante de su día al azar, ¿verdad? Tengan en cuenta que, si no se puede celebrar el banquete, la boda se va al garete. Por eso, siempre, siempre, siempre, siempre... tiene que haber un plan B. Por «plan B» entendemos cualquier local o espacio con la capacidad y las instalaciones mínimas para acoger a los invitados confortablemente. Puede ser un salón, una carpa...

DESTINATION WEDDINGS

Tal vez se estén planteando la posibilidad de celebrar su boda en algún lugar lejano. Y no nos estamos refiriendo a irse a un pueblo a cien kilómetros de su ciudad. Nos estamos refiriendo a las *destination weddings* o bodas de destino, que cada vez son más frecuentes. Muchos novios deciden celebrar su boda en algún lugar exótico, bien porque para ellos tiene un significado especial, bien porque les apetece ofrecer a sus invitados una experiencia realmente diferente.

Casi siempre este tipo de bodas se conciben para un número reducido de familiares y amigos (sería misión imposible coordinar los vuelos y el alojamiento de muchas personas, y también muy caro), que van a pasar unos días de diversión en algún *resort*. Allí tendrán ocasión de realizar actividades de entretenimiento, excursiones..., y además asistir a la boda. Algo así como unas minivacaciones más una boda.

Una de sus principales ventajas es que normalmente lo gestionan todo en el mismo *resort* donde se van a alojar, con lo que se simplifican muchísimo los trámites burocráticos. Nuestro consejo, si están valorando esta opción, es que se informen muy pero que muy bien. Estas son las cosas que deberían tener muy claras antes de embarcarse en semejante aventura:

· ·

¿La boda tendrá validez legal?

¿Serán capaces de entender y hacerse entender?

¿Saben cuáles son los costos asociados? Tarifas del hotel,

tasas legales, precios especiales para sus invitados…

· ·

Si realmente esto es lo que les apetece, ¡adelante! Seguro que la pasarán genial y que nunca olvidarán la experiencia… y sus invitados tampoco.

Piensen en sus invitados

Pónganse por un momento en la piel de sus invitados. Imagínense que un día llega su mejor amigo y les dice:

—Por fin nos casamos… y por supuesto están invitados.

—¡Qué bien! ¡Qué alegría! —contestan ustedes— ¿Y cuándo es la boda?

—Pues dentro de siete meses. En Hawái.

¿Qué es lo primero que pensarán ustedes? Sean sinceros… «Sensacional, pero ¿cuánta lana nos va a costar?»

Pues eso. Cuando los novios eligen celebrar una boda de destino, lo primero que deben tener claro es a quién van a invitar, qué grado de confianza existe con aquella persona y si están dispuestos a costear su viaje y su alojamiento. En el caso de que no sea así, deberán entender que muchos de sus invitados no podrán/querrán asistir a la boda. También deberán ser conscientes de los esfuerzos que van a tener que hacer sus invitados para poder ir, no solo económicamente sino en todos los sentidos.

LOS PROVEEDORES PRINCIPALES

Bueno, bueno, bueno... Pues poquito a poco vamos avanzando, y cada vez nos adentramos en aspectos más concretos.

Recapitulemos: ya hemos encontrado nuestro estilo, sabemos cuánto vamos a invertir, hemos decidido qué tipo de boda queremos y tenemos nuestro sitio y nuestro día. El siguiente paso es buscar, elegir y contratar a los proveedores clave. Ellos tendrán mucho que ver en que nuestra boda sea un bodón, y por tanto son muy importantes para nosotros. El problema: son únicos y, como no pueden estar en dos sitios a la vez, si los queremos en nuestra boda tenemos que contratarlos antes de que nos los quiten.

En realidad, en esta categoría deberán incluir todos aquellos productos o servicios imprescindibles para ustedes que son susceptibles de compromiso previo. He aquí nuestra lista:

Foto // Video // Música

Sin embargo, en la suya puede estar el alquiler de un coche determinado, o un pastel super-especial, o tal vez les gustaría contar con los servicios de un *wedding planner*.

En nuestro *ranking* de cosas que no pueden faltar en una boda, en primera posición, muy destacada del resto, se encuentran los audiovisuales. El día de la boda podrán degustar el mejor vino, recibir los abrazos más emotivos, disfrutar más que nunca con sus amigos, llorar de nervios y emoción al entrar en la ceremonia... Muy probablemente será el mejor día de su vida, pero todo eso poco a poco se irá diluyendo en el recuerdo. Unos cuantos años después, ¿qué les quedará? Si tienen unas buenas fotos y un buen video hechos por profesionales que hayan sabido captar la esencia de su boda y conectar con ustedes, tendrán ese recuerdo para siempre. Podrán revivir las emociones, los abrazos, los besos...

Las fotos, o cómo guardar para siempre el recuerdo de ese gran día

Los fotógrafos, como cualquier artista, tienen su propio estilo. Pues bien, una vez más, sus esfuerzos deben ir encaminados a encontrar un fotógrafo que encaje con el suyo.

Aun a riesgo de ser injustos, nos atreveríamos a decir que hay dos grandes tendencias en la fotografía de bodas: por un lado, la fotografía tradicional; por otro, el fotoperiodismo. En ambas hay fantásticos profesionales. No hay un estilo mejor que otro; simplemente hay un estilo que casa mejor con ustedes.

Para explicarles cómo encontrar al fotógrafo más adecuado, hemos hablado con Javier Abad de F2Studio y Sara Lázaro, a nuestro parecer dos de los mejores fotógrafos de bodas. Según ellos, deben darse tres condiciones indispensables:

- **Que el estilo del fotógrafo encaje con el de ustedes.** «Creo que lo que los novios deben mirar primero es que el estilo del fotógrafo vaya acorde con el suyo», nos dice Sara Lázaro. En la misma línea, para Javier Abad «lo primero es tener claro qué estilo quieren para su reportaje y, una vez que lo decidan, simplemente con darse una vuelta por el blog del fotógrafo sabrán si es el indicado o no.»

- **Que haya *feeling*.** En palabras del propio Javier Abad, «es básico saber si encajan en lo personal con él. Parece una tontería, pero en la mayoría de los casos el buen resultado de las fotos de una boda viene determinado por el grado de complicidad y confianza que haya entre la pareja y el fotógrafo». Por otro lado, Sara Lázaro nos recuerda que «el día de la boda el fotógrafo estará con ellos en momentos muy íntimos y es importante que haya ese *feeling*».

- **Que sean auténticos profesionales.** No se la pueden jugar. Para Sara Lázaro es imprescindible que busquen experiencia: «La fotografía de bodas requiere eso: experiencia para poder reaccionar ante los imprevistos y las situaciones tan rápidas que se suceden.» Javier Abad, además, recomienda que comprueben cómo documenta ese fotógrafo todas las partes de la boda: «Pídanle que les muestre al menos un álbum con una boda completa. Está bien ver sus mejores fotos, pero como realmente sabrán si ese fotógrafo es el que están buscando es viendo una boda completa.»

¿Han decidido ya qué tipo de fotografía quieren para su boda? Si la respuesta es sí, siéntense delante de la computadora e investiguen. Enseguida notarán si las fotos que están viendo les transmiten lo que buscan y, como pasa con todas las cosas del corazón, cuando den con su fotógrafo, lo sabrán.

El video

Es posible que cuando oyen las palabras «video de boda» se remonten a aquellas largas sobremesas de domingo en casa de algún familiar en las que de repente el anfitrión decía: «Vamos a ver el video de la boda.» Entonces los más avispados ponían una excusa para poder irse, mientras que a los demás no les quedaba otra opción que «tragarse» los ciento diez minutos de video, misa enterita incluida.

Por suerte, esto ha cambiado. Los videos de boda han dejado de ser así para convertirse casi en películas: ahora se realizan unos videos mucho más frescos, emotivos, sorprendentes, con unas técnicas narrativas, de producción, grabación y edición muy evolucionadas. No tienen más que buscar un poquito en internet y encontrarán auténticas obras de arte en la cinematografía de bodas. Nosotros nos declaramos muy fans de los videos bien hechos.

A la hora de decidir a quién van a encargar su video, los criterios que hemos empleado para los fotógrafos siguen siendo válidos: que encaje con su estilo, que haya *feeling* y que sea un auténtico profesional.

Nuevamente, contamos con la visión de dos de los, en nuestra opinión, mejores profesionales del sector: hemos pedido a los chicos de Bodas de Cine y de FOCUSLAB unos consejos para encontrar a su videógrafo ideal.

En palabras de Bodas de Cine, «es muy importante sentirse a gusto con la persona con la que estás hablando y verte reflejado en los videos que te enseña. Si te emocionas viendo el vídeo de una pareja que no conoces de nada, ¡zas!, ese es tu videógrafo. Lo has encontrado».

El equipo de FOCUSLAB tiene muy claro cuál es el principal requisito: «Que busquen contar una historia. Que se preocupen por generar recuerdos que hablen sobre la profundidad de cada pareja, recuerdos que reflejen las singularidades de dos personas en un momento concreto, para que dentro de diez, veinte o treinta años puedan mirar atrás y recuperar esa parte de su vida».

Los animamos a que busquen a un buen profesional; no se arrepentirán de tener para siempre el video de su boda.

La música

Tal vez no se hayan parado a pensarlo, pero la música va a estar presente en muchos momentos de su boda. En los más importantes, de hecho. A grandes rasgos, esos momentos son la ceremonia, el coctel, momentos puntuales (por ejemplo, la entrega de algún regalo especial), el primer baile y la fiesta. Nosotros no somos muy partidarios de poner música de fondo durante el banquete, porque con el murmullo de tantas personas hablando se pierde y puede resultar hasta molesto.

Sea para el momento que sea, las opciones son infinitas: un DJ, un cuarteto de cuerda, una banda de jazz, un coro de góspel, una soprano... Como siempre, deberán decidir en función de sus gustos, sus prioridades y su presupuesto. La regla de oro en este tipo de contrataciones es que recurran a profesionales.

Por cierto, hasta el momento hemos hablado varias veces de «contrataciones», y no es una palabra elegida al azar. Siempre que lleguen a un acuerdo con un profesional para que les preste un servicio, deberán firmar un contrato. Se trata de una forma de protegerse ante un posible malentendido o una negligencia. Aunque los contratos verbales teóricamente tienen validez legal, les pueden ahorrar muchos disgustos si firman un acuerdo en el que deberían constar (como mínimo) el servicio contratado, la fecha de la boda, el precio y la forma de pago. A buen seguro que los profesionales con los que contacten ya tendrán su propio modelo de contrato estándar. Además, y ya que hablamos de temas legales, todos deberían emitirles una factura por el importe que hayan abonado.

OTRAS TAREAS IGUAL DE IMPORTANTES

PERO MENOS URGENTES

Ella: la novia

Hasta ahora hemos hablado en plural porque tratábamos temas que les incumbían a los dos. Sin embargo, en las próximas páginas nos vamos a dirigir solo a la novia. Excluimos deliberadamente al novio porque creemos que lo que viene a continuación no solo no le interesa, sino que además conocer ciertos detalles y secretos de chicas no le permitirá disfrutar igual de su boda. Así que, vamos, querido novio, no sigas leyendo este capítulo y ve directamente al siguiente, que es el tuyo. De todos modos, si decides no seguir nuestro consejo, no sufras: te vamos a seguir queriendo igual.

EL VESTIDO

No podemos negar (y ya nos disculparán, queridos novios, si es que siguen por aquí) que la novia es la protagonista indiscutible de una boda. Ella acapara todas las miradas al entrar en la ceremonia, todo el mundo está pendiente de ella. Brilla con luz propia.

Elegir el vestido de novia es una de las cosas que más ilusionan a las chicas. Desde que te comprometes, empiezas a mirar modelos, marcas, estilos... Y pueden suceder dos cosas: o tienes las ideas muy claras o estás muy perdida. Lo importante es que definas tu estilo y que pienses con qué tipo de vestido te vas a sentir cómoda. Enseguida descartarás algunas opciones, pero descartar es positivo porque te ayuda a acercarte a lo que quieres.

El mejor consejo que podemos darte a este respecto es que seas tú misma, que te sientas tú. Nada de «disfraces», nada de imposiciones. Tanto si es un vestido de princesa extravoluminoso como si es uno con caída y aire bohemio, lo esencial es que te identifique y te sientas cómoda.

No hay normas a la hora de elegir vestido; solo el objetivo de sentirte bien con él.

Como recomendamos siempre, es básico que te dejes aconsejar por profesionales. Las personas que te atenderán en las casas de modas y tiendas de novias son expertas conocedoras de la fisonomía femenina y saben qué clase de vestido te sienta mejor de acuerdo con tu figura. Y tienes que probar para saber qué es lo que mejor te queda, porque a veces te sorprendes. Es decir, si te encanta un corte en concreto pero piensas que no te va a favorecer, no dejes de probártelo si te lo aconseja un profesional. ¡Es posible que tu idea cambie por completo al vértelo puesto! ¡Y disfruta! Es tan divertido probarse vestidos de novia...

Pero, sí, puede que la elección te resulte complicada, lo cual es totalmente comprensible. Se trata de una de las prendas más especiales que vas a lucir en tu vida, así que verte invadida por las dudas es normal. No te agobies. Es muy probable que en algún momento estés entre dos vestidos maravillosos: los dos te sientan fenomenal, pero no sabes por cuál decantarte. Seguro que con ambos vas a estar guapísima y radiante, de modo que elijas el que elijas acertarás. Te tocará consultarlo con la almohada o echarlo a suertes.

Hay una pregunta que suele intrigar a las novias: «¿Con cuánto tiempo de antelación tengo que escoger mi vestido?» Esto puede variar, porque cada firma funciona con plazos diferentes, pero ¡ojo!, tampoco te descuides. Y aquí viene otro consejo:

No te precipites. Puede que encuentres tu vestido en una mañana y visitando una sola firma, o puede que tardes un mes y tengas que recorrer todas las tiendas de la ciudad. ¡Paciencia y disfruta de la experiencia! Lo encontrarás, de eso no hay duda: todas las novias del mundo han pasado por esta misma fase y míralas qué guapas con sus vestidos.

También puede suceder que sepas con mucha antelación cuándo vas a casarte y que, como eres una apasionada de las bodas y estás todo el día mirando vestidos, de repente, ¡zas!, te enamores de uno. Te ha robado el corazón y ya no quieres mirar más. Antes de comprártelo, recuerda este consejo:

Asegúrate de que tu gusto no va a cambiar. A veces, de un año a otro, varía el concepto de boda que tenías en mente. Cada temporada las firmas suelen repetir algunos de los patrones del año anterior, y solo modifican los detalles y los acabados. Es muy probable que si esperas a la nueva colección vuelvas a encontrar un vestido que te enamore.

Hemos «interrogado» a Carolina Otaduy, de la firma Otaduy, una de las diseñadoras con más encanto y más éxito en la actualidad, y con quien compartimos filosofía:

¿Qué tipo de tendencias se llevan en los últimos años?

Cada vez más, las novias buscan sentirse ellas mismas en un día tan especial como es el de su boda, y no algo que realmente no son. No quieren vestirse de una manera con la que no se sienten para nada identificadas.

¿Cómo es el proceso de creación de un vestido de novia?

Precioso, está lleno de magia. Para nosotras, es un pequeño gran ritual que empieza con un flechazo, el de la novia; sigue con la creación del patrón, rasgar el tejido, las pruebas entre risas y confidencias, y termina con la pieza totalmente acabada. Todo un proceso que hacemos artesanalmente en nuestro taller. Cada pieza es única.

¿En qué se basan para aconsejar a una novia que se pruebe un vestido u otro?

Una vez que la novia empieza a probarse vestidos, ves cuál es su estilo y las formas que mejor le quedan. Es algo muy bonito porque normalmente coincides con ella. Su elección es el vestido que le aconsejarías. No tiene explicación, de repente ocurre...

¿Les gusta aconsejar a las novias respecto a los complementos?

Nos gusta mucho crear el *total look*. Combinamos diversos complementos que tenemos: tocados, coronas de flores, velos, zapatos... Por ejemplo, en nuestro Pinterest, hacemos algo así como un *collage* con las cosas que nos gustan (referencias de zapatos, peinados...).

¿Con cuánto tiempo de antelación es ideal comprar el vestido de novia?
Nosotras recomendamos que sean como mínimo dos meses, porque hacemos todos los vestidos a mano y necesitamos cierto margen para poder elaborarlos y realizar las distintas pruebas.

En sus colecciones hay vestidos de dos piezas. ¿Son para las novias que no quieren sentirse tan «novias»?
Trabajamos con las dos piezas porque nos gusta mucho. Sí que es cierto que después de la boda es más fácil aprovecharlas por separado para otras ocasiones, pero realmente lo hacemos porque nos gusta y es un concepto por el que apostamos muy fuerte.

¿Qué consejos darías a una novia que todavía no ha escogido su vestido?
Que busque un vestido con el que realmente se sienta ella misma y guapa. Es un proceso muy bonito y especial; se tiene que vivir como tal y, sobre todo, sin olvidar que la esencia de todo este viaje es celebrar el amor.

EL MAQUILLAJE

El día de la boda brillarás por muchos motivos y estarás espléndida, seguro. La felicidad te hace más bella, ¿no lo has notado? Y ahora, además, tienes la excusa perfecta para consentirte un poco y regalarte unos tratamientos de belleza con los que estar aún más guapa el gran día. ¡Toma nota de algunos consejos!

Acertar con el maquillaje el día de la boda es vital. Sin embargo, es importante que nuestra piel esté previamente preparada, limpia, hidratada; cuidada, en definitiva. Pide consejo a un profesional para que te asesore y escoja qué tratamientos te vendrán bien. Busca en tu agenda huecos para esas citas y programa unas sesiones de belleza adaptadas a tus necesidades. Te servirán para desconectar en esos días de estrés entre el trabajo y los preparativos, y tu piel lo agradecerá infinito. Estás sembrando para recoger el día de la boda: el maquillaje lucirá mucho mejor si tu piel está en perfecto estado.

Una idea divertida es compartir estas sesiones exprés de belleza con alguna amiga. Será un modo de pasar un rato juntas, platicando, riendo; algo así como una *beauty party*. Seguro que hay muchas cosas acerca de los preparativos de la boda que puedes aprovechar para contarle.

Con estos cuidados extras + las dosis de buenos ratos con amigas + un buen ritual de cuidados diarios, ¡estás lista para ser la novia más guapa! Ahora nos queda buscar el maquillaje ideal para ti.

En el maquillaje, como en todo, hay modas y tendencias, pero debes sentirte libre para hacer lo que te apetezca, dejando a un lado los grandes lugares comunes sobre las bodas. Por ejemplo, suele decirse que la novia debe lucir un maquillaje natural y muy discreto. Pero... si el color de labios que más te favorece es el rojo y te gusta llevar los ojos ahumados, ¿por qué al convertirte en novia debes «deslavarte» la cara y dejar de ser tú? Nada de eso. Sé fiel a tu estilo y maquíllate como te venga en gana.

Las novias con uñas de color se han convertido ya en iconos. Nos parecían atrevidas cuando empezaron a verse y cada vez son más las que se decantan por esta opción. El manicure suave da paso a colores tendencia, o a veces se combina el color de las uñas con el de algún complemento del vestido.

Una vez más, nuestra recomendación es que elijas a un profesional que te asesore en este tema y se encargue de maquillarte el día de la boda. Te sentirás más segura si haces alguna prueba un tiempo antes. Tómate estas citas con calma e invierte el tiempo que haga falta en explicarle qué ideas tienes. Si le enseñas fotos de maquillajes que te gustan le resultará más sencillo captar el estilo que andas buscando.

El día de la boda puedes usar un fijador para que el maquillaje dure más. Y si te apetece darle a tu *look* un toque diferente, ¡atrévete con las pestañas postizas! Si nunca te has puesto unas, pruébalas antes de la boda: ya verás como son comodísimas y te sentirás mucho más guapa. Puedes utilizar pestañas individuales o en grupo, ni las notarás. Otra opción es aplicar tres o cuatro al final del ojo... o bien en toda la línea de pestañas. Si empleas pegamento semiper-manente, incluso volverás de la luna de miel con ellas. Anímate y ¡prepárate para deslumbrar con tu mirada!

Es imprescindible preparar nuestro pelo para que en la boda luzca perfecto. Los cuidados diarios son clave, así que acostúmbrate a usar un buen champú que no sea agresivo y deshidrate tu cabello. Consulta con tu estilista qué tratamientos pueden venirte bien a fin de conseguir un pelo sano y nutrido para el día de la boda, y no seas perezosa: saca tiempo para esto, lo vas a agradecer cuando veas las fotos, y eso que te llevas ya para tu día a día tras la boda.

Comparte con tu estilista fotos de las ideas que tienes sobre el peinado que te gustaría llevar. Además, él necesitará tener una visión global de tu estilismo para asesorarte correctamente, así que cuéntale cómo es tu vestido, cómo vas a ir maquillada, qué tipo de boda vas a celebrar y todos los datos que creas que pueden aportarle información relevante. No olvides revisar tu color y, si quieres hacer algún cambio, pruébalo con bastante antelación, para poder rectificarlo a tiempo si no te gusta el resultado.

También en los peinados hay modas que van y vienen. Los chongos complicados y barrocos pasaron de moda (aunque nadie nos puede asegurar que no vayan a volver: todo vuelve;

reinventado, pero vuelve), y ahora se llevan las melenas trabajadas pero sueltas, ligeramente retiradas de la cara; las colas de caballo; las coletas y las trenzas laterales; los chongos bajos despeinados... En general, se llevan *looks* más *casual* y de aspecto joven. Sin embargo, los chongos clásicos siguen teniendo su público y sientan muy bien con determinados tipos de vestido. Si eres una novia elegante y clásica, seguramente esta será tu opción.

Sea como sea, mantente fiel a tu personalidad y tu estilo ¡siempre!

Ahora sí, ya es oficial: eres la novia más guapa del reino, querida.

EL RAMO

¿Alguna vez has visto a una novia sin ramo? Nosotros, no. ¡Ojo! Si tú tienes pensado casarte sin ramo, no seremos nosotros quienes pongamos objeciones, pero la verdad es que nos parece un accesorio imprescindible y de gran valor estético.

Seguramente, a estas alturas ya cuentas con una carpeta en tu computadora repleta de fotos de ramos, flores, inspiraciones de colores y texturas...; incluso tal vez ya te hayas formado una idea de cómo quieres que sea el tuyo. De todos modos, nuestro consejo principal es que te dejes asesorar por tu florista.

La técnica floral ha evolucionado mucho en poco tiempo. Gracias a estos avances es posible confeccionar ramos de formas inimaginables hace escasos años, que además pueden ser más ligeros e incluso más duraderos.

Suponemos que ya sabes que el ramo tiene una duración determinada. Nunca olvides lo siguiente: tu ramo de flores es un ser vivo, así que cuídalo como tal. ¿Qué quiere decir esto? Que, en la medida de lo posible, seas cuidadosa con la luz (exponlo al sol lo menos posible), la temperatura y los cambios drásticos de esta: cuántas veces hemos visto que alguien del *catering*, jardín u hotel donde se celebraba el banquete de la boda, con su mejor intención, eso sí, guardaba durante la comida o cena el ramo de la novia en el refrigerador; esto, literalmente, los achicharra. Dependiendo del tipo de flor que hayas elegido, deberás tomar una serie de precauciones u otras; tu florista te lo explicará.

A la hora de elegir el ramo hay varios factores que conviene tener en cuenta. Estos son los que señala Marta Solans, de Mayula Flores, con quien tantas veces hemos trabajado en nuestras bodas:

- **El tamaño.** Tu ramo no puede ser ni demasiado grande ni demasiado pequeño, sino adecuado a tu tamaño. ¡Atención! Tu tamaño es = a tu estatura + el tacón de los zapatos + el volumen del vestido. Todo el conjunto es lo que importa.

- **El peso.** Aunque a priori pueda parecer un tema secundario, te aseguramos que es crucial. Llevarás el ramo algunas horas, así que cuanto menos pese, mejor.

- **La empuñadura.** Ni que decir tiene que la empuñadura del ramo tiene que estar bien rematada (por estética, pero también para que no se deshaga). Además, te conviene saber que una empuñadura demasiado gruesa te impedirá asir el ramo con comodidad, lo que influirá en tu postura, te acabará cansando y puede hacerte pasar un mal rato.

- **La forma correcta de llevarlo.** Estamos hablando de estética, pero también de ergonomía. Ten en cuenta que no todos los ramos se toman igual, así que pídele a tu florista que te explique cuál es la forma correcta de llevar el tuyo.

Si has visto una foto preciosa de un ramo ideal y quieres que te lo reproduzcan exactamente de la misma manera, tienes que saber que, casi con total seguridad, los colores de la foto no son reales. Por tanto, es mejor que veas al natural cómo es esa flor o esa combinación de flores que tanto te gusta. Algo parecido sucede con la forma y el volumen. Muchas veces las fotos están tomadas desde ángulos que ofrecen una perspectiva poco real del ramo. Ahora, como ya lo sabes, no tendrás ningún problema.

Hasta ahora solo hemos hablado de flores, pero hay un abanico enorme de posibilidades. ¿Has visto alguna vez un ramo hecho con broches antiguos? ¿O con botones? ¿O con flor preservada? Si te atrae esta idea, sé creativa. Se trata de una ocasión estupenda para hacer algo original.

Dicen que el complemento hace el vestido. Y aunque el vestido de la novia tiene un protagonismo absoluto y es la pieza principal de su *look*, seguro que estarás de acuerdo con nosotros en que los complementos son piezas clave. Eso sí, es imprescindible combinarlos con buen gusto. La oferta y las posibilidades son casi infinitas y a veces resulta difícil elegir. El límite entre el acierto y el error es una delgada línea: puedes ser una novia-árbol de Navidad llena de destellos o una novia estilosa y *trendy* que apuesta por una cuidada selección. O quizá no seas de esas chicas que se sienten cómodas con tocados, joyas ni complementos, y ¿qué problema hay? Es tu día, tu estilismo, tu boda. Tú decides.

Hagamos un repaso de los complementos que consideramos más importantes, ¿te parece? Y vamos a ver si resolvemos alguna de tus dudas al respecto. Disfruta del momento de planificar esta parte de tu estilismo, de buscar inspiración, de seleccionar piezas e incluso, por qué no, de crearlas a medida. Ya lo verás, será una delicia.

¡!
Los complementos tienen que ser acordes al estilo de tu vestido, tienen que formar parte de un todo.

Los tocados llegaron con fuerza hace unos años y parece que van a quedarse. Aunque se plantearon como una alternativa al velo, la verdad es que le dan tanta personalidad al *look* de la novia que no hay que encontrar una justificación para llevarlos: simplemente, nos encantan. El tipo *birdcage* (con redecilla) sigue estando en el *top* de los preferidos por las novias. Las flores y las plumas son otros de los elementos más usados en el diseño de tocados. También se van haciendo hueco las piezas tipo diadema, las cintas para la frente, los lazos de tul o plumeti. Tanto si eres una novia glamorosa como si tu estilo es más dulce, si te gustan los tocados hay uno para ti, seguro.

EL VELO

¿Velo sí, velo no? Puede que llegue el momento en el que tengas esta duda. El velo dota al vestido de un aura romántica y habitualmente se usa más en las bodas religiosas, por el simbolismo que tiene y el aire regio y elegante que aporta a la novia. Es simplemente una cuestión de gustos, y hay vestidos que admiten mejor el velo que otros. Lo que sí es bien cierto es que el velo sigue siendo un clásico: las pasarelas nupciales lo proponen año tras año, por algo será. Existen diferentes tipos, tanto en formas como en tejidos. Deja que te asesoren en el lugar donde hacen tu vestido sobre las opciones que van mejor con él.

LAS JOYAS

Sin duda, otra pieza importante en el *look* de la novia. Nosotros creemos en el romanticismo de llevar joyas de la familia, por eso del algo prestado o algo viejo y por el toque de tradición que conlleva. Las joyas de oro viejo o plata envejecida suelen ser las preferidas de las novias. Si te gustan las perlas, su color aporta luz al rostro; pueden ir montadas en piezas más clásicas o más actuales. Algo que nos encanta es reconvertir antiguas piezas en otras: broches, collares, pulseras pueden convertirse en tiaras, piezas para el cinturón del vestido... Diseños únicos y hechos a mano que serán un plus en tu *look*.

LOS ZAPATOS

¡Oh, ese objeto de culto para tantas mujeres! Todas recordamos a Carrie Bradshaw paseando por Nueva York vestida de novia con unos Manolos azul *klein* que convirtió en icono. Pero no todas las novias son unas *it girls* ni tienen la necesidad de subirse a unos taconazos de infarto el día de su boda. Si no estás acostumbrada a llevar mucho tacón, seguramente será una misión imposible: piensa que el día de la boda es muy largo y que tienes que estar cómoda. Sí que es cierto que la tendencia desde hace años son los zapatos con un tacón considerable, así que, si no quieres llevar tanto, te adelantamos que la oferta es bastante menor. La solución pasa por animarte a usar un zapato de color, de fiesta, pero no específico de novia. Los zapatos de color se llevan cada vez más, así que no te dé miedo arriesgar (siempre y cuando tu vestido lo admita). Los *peeptoes* estilizan y la plataforma interior quizá te ayude a sentirte más cómoda. Si tu boda es en un jardín o en el campo o en la playa, sé coherente. Busca un calzado adecuado para que los tacones no se te claven en el pasto o la arena: sandalias de fiesta, cuñas de esparto y encaje, incluso zapatos bajos. O unos Converse. Hasta unas botas camperas. Como siempre, tú mandas.

Nos gusta

- Coronas de flores para novias *boho-chic*
- Collares maxi
- Diademas de lazos de tul
- Velo corto tipo años cincuenta
- Novias con guantes
- Chamarras para novias atrevidas
- Zapatos de color
- Joyas *vintage*
- Novias con *clutch*

Él: el novio

¡Hola, novio! Si has llegado hasta aquí sin leer el capítulo de la novia, ¡enhorabuena! Te has ahorrado unas cuantas páginas que te habrían aburrido un poco: hemos estado hablando de cosas de chicas, ya sabes...

Es indiscutible que la estrella de la boda es ella, pero tú eres igual de protagonista: para nosotros, el novio es tan importante como la novia. Hagamos un repaso de algunos puntos de tu *look*.

EL TRAJE

La verdad es que tu traje no suele suscitar tanto revuelo y misterio como el suyo, pero no por eso tiene que ser menos. Para elegirlo, lo principal es que sea coherente con tu propio estilo y con el de la boda. También es fundamental que te sientas cómodo: recuerda que lo vas a llevar durante muchas horas y que tendrás que sentarte, levantarte, caminar, volver a sentarte, bailar, agacharte, levantarte de nuevo, sentarte otra vez...

Ahora que no nos oye tu chica, vamos a darte un consejo importante: tienes que buscar la forma de enterarte más o menos de la clase de *look* que ha elegido ella para que haya cierta armonía de estilos.

Venga, veamos qué tipo de traje puede encajar mejor contigo:

- Si te consideras más bien **clásico** y la suya va a ser una boda formal, el chaqué es el traje de etiqueta ideal. Se utiliza en ceremonias de día y, si la ceremonia es de noche, la etiqueta marca que debes llevar frac. El chaqué se compone de tres piezas: la levita, el chaleco y el pantalón. La camisa suele ser blanca, pero una con listas o rayas le dará al conjunto un toque más actual. Suele ser de cuello italiano y puño doble, que irá abrochado con unas mancuernillas. La corbata puede ser sobria y sencilla o aportar al *look* una nota de color. Tú decides. Si vistes de chaqué, el protocolo indica que sus padres y los testigos también deberán hacerlo.

  El esmoquin vuelve, es tendencia. Con un corte muy moderno y los complementos adecuados, te convertirás en todo un dandi. Ella alucinará cuando te vea...

- Si tu estilo es más *casual*, el traje con saco es una muy buena opción para tu *look*; de hecho, es una de las más comunes porque es formal pero con un matiz menos serio. Los colores que más se usan son el negro, el gris marengo y el azul marino, pero los grises claros y otros colores más suaves empiezan a cobrar fuerza. Para romper un poco la sobriedad del traje, existe la posibilidad de combinarlo con un chaleco especial.

  Puedes elegir entre hacerte un traje a medida o comprar uno y hacer los arreglos necesarios. Si decides decantarte por el traje a medida, tienes que encargarlo con más antelación: unos seis meses sería lo ideal. Consulta con tu sastre.

- Si te consideras un novio más **moderno**, no debes renunciar a tu estilo vistiendo un traje que no hable de ti. Configura tu *look* a partir de lo que te apetezca, tienes tantas opciones como imaginación. ¿Camisa de cuadros con tirantes y corbata de moño? ¿Unas cómodas chanclas? Perfecto, ¡nos encanta! Lo importante es que te sientas tú.

LA CORBATA

Es el complemento protagonista en el *look* del novio. Puedes optar por una corbata estrecha o ancha; infórmate de la tendencia del momento para saber de qué tipo se lleva. Respecto a los nudos, los más adecuados son el Windsor o el nudo simple, pero hay muchos más.

Recuerda que tu corbata se verá en todas las fotos y por eso es muy importante que la elección sea perfecta. Si no estás del todo convencido, pide consejo. Muchos de nuestros novios han usado una corbata para la ceremonia y otra distinta (o incluso una de moño) para el resto de la boda. Es una idea para tener dos *looks* en uno.

LA CORBATA DE MOÑO

Son tendencia, ya lo sabes. La moda rescata elementos puntualmente y se convierten en un *must have*. Si quieres ir a la última, esta propuesta te va a gustar.

LOS ZAPATOS

Nosotros hemos visto a novios casarse desde con zapatos clásicos hasta con chanclas o con unos Converse amarillos. Curioso, ¿verdad? Tú mandas. Si casi nunca llevas zapatos, quizá llevarlos el día de la boda sea un martirio. Si te gustan, la moda del momento hará que te decidas por un estilo u otro. En cualquier caso, un buen zapato italiano de piel siempre es un acierto.

EL RELOJ

El reloj es una de las piezas estrella de los complementos del novio. Esta es la mejor ocasión para lucir ese modelo que tanto te gusta o el que ella te regaló en la pedida de mano.

LAS MANCUERNILLAS

Las mancuernillas dan mucho juego. Puedes llevar unas mancuernillas clásicas, unas tipo joya o alguna pieza divertida e informal. Ya se sabe, en la variedad está el gusto.

LA FLOR EN EL OJAL

Quizá ni siquiera sepas de qué hablamos. La flor en el ojal o *boutonnière* es ese detalle que se coloca en la solapa del novio y del padrino y que suele ir a juego con el ramo de la novia. Si decides llevarlo, pregunta a tu florista a qué altura debes colocarlo.

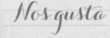

- Mancuernillas con personalidad
- Las corbatas de moño
- Tirantes bajo el saco
- El *look indie*: camisa remangada, con chaleco y sin corbata. ¡Viva la libertad!
- El esmoquin
- Las corbatas con nudo Windsor
- Pañuelos en el bolsillo del saco
- Calcetines divertidos y de color
- Novios que innovan y se atreven

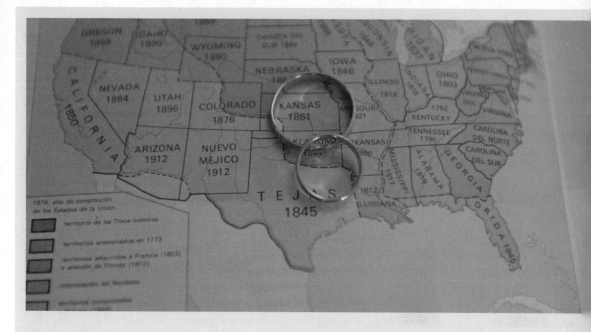

La luna de miel

No lo vamos a negar: la luna de miel es una de las partes más divertidas de una boda. Cuando el día llegue a su fin y se despidan de los últimos invitados, es posible que sientan una extraña mezcla de euforia y de tristeza: tantos meses de preparativos para un solo día... Pero ¡pensar que todavía queda la luna de miel hace muchísima ilusión! Tendrán unos días para descansar y disfrutar de su recién estrenado matrimonio.

La elección del viaje de novios es una decisión importante y a veces se convierte en un motivo de estrés. Para que esto no ocurra, vamos a hacer un repaso de las pautas que hay que seguir.

Obviamente, deberían esperar a tener la fecha de la boda y, en función de esta, determinar cuándo quieren hacer el viaje y cuántos días se pueden ir, teniendo en cuenta los permisos laborales. Otra opción es hacer una pequeña escapada de tres o cuatro días a un destino más cercano, y guardar los días para hacer un viaje más largo en verano, por ejemplo.

A continuación, deben marcar un presupuesto. Un viaje puede costar desde muy poco dinero hasta todo el que puedan imaginar. Para no llevarse sorpresas, es importante que tengan claro este aspecto.

Otra cuestión básica es definir qué tipo de viaje les apetece: playa, naturaleza y aventuras, capitales, rutas en coche... Hay infinidad de lugares y formas de viajar, así que vale la pena ir acotando las posibilidades.

Tengan en cuenta también las recomendaciones meteorológicas: hay países donde tienen épocas de lluvias muy fuertes o hace demasiado calor, e incluso donde hay riesgo de huracanes.

En cuanto a la contratación del viaje, pueden llevarla a cabo de dos maneras:

- Si quieren un viaje organizado y disfrutar de la comodidad de que los lleven y los traigan sin tener que ocuparse de las reservaciones ni de las gestiones, la mejor opción es hacerlo a través de una agencia. A veces se sorprenderían de los precios tan competitivos que pueden conseguir, ya que mueven un fuerte volumen de reservaciones y tienen condiciones especiales. Eso sí, asegúrense de que se trata de una agencia de viajes fiable.

- Si lo suyo no son los viajes organizados y les gusta más la aventura, poden encargarse ustedes mismos de todas las gestiones. Busquen y rebusquen por internet. Hoy en día comprar un billete de avión es una gestión fácil. Además, hay muchísimos portales de viajes con ofertas alucinantes. Les recomendamos que busquen bien porque hay auténticas gangas. ¿El lado negativo de esto? No habrá una agencia detrás para resolver los problemas que puedan surgir, y reclamar es más complicado...

En ambos casos, presten mucha atención a las condiciones de la reservación y las políticas de cancelación. Cerciórense también de que la calidad de los alojamientos se ajusta a lo que están buscando. Los portales de internet donde viajeros de todo el mundo cuelgan críticas y fotos reales de alojamientos pueden ser de gran ayuda, pero recuerden que son opiniones personales.

Merece la pena contratar un seguro de viaje: siempre quedan cubiertas muchas situaciones que de otro modo no tendrían compensación económica o serían difíciles de gestionar por su parte.

Infórmense bien de la documentación que deben llevar en función de cada país y asegúrense de tener el pasaporte en regla.

Comprueben si allí adonde van necesitarán vacunas... y compruébenlo con tiempo, porque algunas vacunas hay que ponérselas con cierta antelación al viaje.

Por muy aventureros que sean, no les aconsejamos viajar a países en conflicto, y todavía menos por su cuenta. Consulten la web de la Secretaría de Turismo o Relaciones Exteriores: allí encontrarán sugerencias según el país que vayan a visitar e información sobre los lugares a los que no se recomienda viajar.

Un pequeño truco: siempre, vayan adonde vayan, recuerden comentar en los hoteles que están disfrutando de su viaje de novios, ya que la mayoría de ellos ofrecen detalles especiales para las parejas que están de luna de miel.

DESTINOS DE MODA

La Tierra está llena de lugares espectaculares para viajar. No se estresen con la elección del destino: seguro que encontrarán lo que quieren.

 Actualmente, la mayoría de los recién casados eligen para su luna de miel la Riviera Maya, Estados Unidos, Tailandia, Costa Rica, Kenia y Tanzania o islas paradisíacas como las Maldivas o Mauricio. Pero cada vez suben con más fuerza otros destinos como los países nórdicos o Japón.

Vamos a repasar los destinos más recomendables para un viaje de novios. Lo haremos por continentes:

EUROPA

La vieja Europa está llena de encanto: ciudades increíbles como París, Londres, Berlín o Roma, que esconden una gran historia y lugares fantásticos por descubrir. Una buena opción es hacer una ruta por Europa.

Les aconsejamos una ruta por Italia o por Francia. Son países extraordinarios que seguro que no los decepcionarán.

Otra buena opción es Grecia. Eso sí, tengan en cuenta que los meses de verano son muy pero muy calurosos.

Si su presupuesto es más limitado, ¿qué les parece una escapada a una ruta por el norte o el sur de España? A veces este país es un gran desconocido, y qué mejor ocasión que esta para disfrutar unos días en él.

Portugal, por no ser un destino especialmente costoso, puede ser una gran elección. Lisboa te enamora desde el momento en que pones un pie en ella. Y Portugal tiene playas maravillosas, y qué decir de su gastronomía...

¿Les gusta la naturaleza exuberante? Los países nórdicos son un destino que cada vez eligen más parejas. Pueden visitar las capitales, como Helsinki o Estocolmo; hacer un crucero por los fiordos noruegos, o ir hasta Islandia y dejarse cautivar por sus espectaculares paisajes. «Luna de miel» no tiene por qué ser sinónimo de «biquini y sombrero».

Estados Unidos sigue siendo un destino muy solicitado. Nueva York es su principal reclamo en viajes de novios. Si no han estado, la luna de miel es una gran oportunidad para descubrir esta magnífica urbe. Además, es fácilmente combinable con un destino más de playa y relax, como alguna de las islas del Caribe, y está relativamente cerca de otras ciudades muy interesantes, como Washington o Filadelfia.

En la otra costa tenemos Los Ángeles, Las Vegas y San Francisco, que también son lugares muy populares y suelen combinarse con destinos más exóticos, como la Polinesia. Si pasan por Las Vegas, no olviden volver a casarse vestidos de Marilyn y Elvis. Ya saben lo que dicen: lo que pasa en Las Vegas se queda en Las Vegas.

Una opción muy recomendable es ir de costa a costa en coche por la conocida Ruta 66. Eso sí, tienen que contar con bastantes días para poder realizar este viaje y saborearlo con calma.

En Estados Unidos, también pueden visitar la península de Florida, donde se encuentra Miami, y combinarla con Orlando y sus parques Disney. Desde Miami pueden tomar un ferry que en unas tres horas los llevará hasta las Bahamas.

Si vamos hacia el norte, Canadá también resulta una alternativa muy interesante. Es un país lleno de parques naturales, lagos y paisajes que quitan el hipo. Si esta es su opción, no pueden dejar de visitar ciudades como Toronto o Montreal y las famosas cataratas del Niágara. Y aún más arriba está Alaska, donde podrán contemplar la aurora boreal y visitar sus espectaculares parques.

México, con su Riviera Maya, es otra gran opción. Cuenta con playas paradisíacas y se puede combinar con rutas culturales para descubrir la civilización de los mayas.

El Caribe es un lugar ideal si quieren descansar y tomar el sol. Una buena idea es hacer un crucero por las islas del Caribe y así visitar varias de ellas, como Cuba, Jamaica y las Bahamas.

Costa Rica es otro destino frecuente. Posee una espectacular naturaleza llena de volcanes, cascadas, bosques tropicales y parques naturales, y se caracteriza por la amabilidad de sus habitantes. ¡Pura vida!

En América del Sur encontramos muchísimas opciones como destinos para el viaje de novios. Por ejemplo, Argentina, que cuenta con su encantadora Buenos Aires o Mendoza y con paisajes naturales increíbles como la Patagonia y el Perito Moreno.

Brasil es perfecto para aquellas parejas que busquen sol, playas exuberantes y una buena dosis de aventura. Desde descubrir las calles de Río de Janeiro y tumbarse al sol en playas tan famosas como Ipanema o Copacabana hasta visitar las cataratas de Iguazú: la diversión y el espectáculo están más que asegurados.

Chile es ideal para los más aventureros. Podrán visitar la Patagonia chilena y descubrir el famoso Parque Nacional de las Torres del Paine o la isla de Pascua. Asimismo, pueden visitar el desierto de Atacama, al norte del país. También se puede combinar Santiago de Chile con un crucero por la Antártida y llegar hasta Ushuaia, la ciudad más austral del planeta.

¿Y qué tal Perú? Podrán descubrir el Machu Picchu o el lago Titicaca. También se puede combinar con Chile, Brasil o Argentina.

ASIA

China es un destino interesante por la inmensa cantidad de culturas e historia que posee. Desde la Gran Muralla China hasta ciudades como Pekín y Shanghái o las maravillas que rodean el río Li, todas son elecciones fantásticas para conocer la China milenaria.

¿Y qué les parecería subirse al famoso Transiberiano y recorrer Rusia y el Lejano Oriente, Mongolia y China? Una opción menos solicitada y conocida, pero ¡eso la hace más interesante!

Otro de los destinos turísticos más importantes de Asia es Tailandia, en la zona del sureste asiático. Y no nos olvidemos de Indonesia y Bali, un gran sueño para las parejas de novios que buscan un lugar exótico para disfrutar de su luna de miel.

Menos populares quizá, pero siempre interesantes, tenemos también India, Nepal, Sri Lanka y las Maldivas, con sus paisajes y su cultura.

En la zona de Indochina podemos visitar Vietnam, Myanmar, Camboya o Laos. Existe la posibilidad de quedarnos en un solo país y visitarlo a fondo o hacer una ruta por varios para conocer las diferentes culturas.

En el área más occidental, tenemos Oriente Medio, donde se encuentran los Emiratos Árabes, Jordania, Israel o Turquía, que se divide entre la parte europea y la asiática. Una buena alternativa es combinar los Emiratos Árabes y las Maldivas o la isla Mauricio.

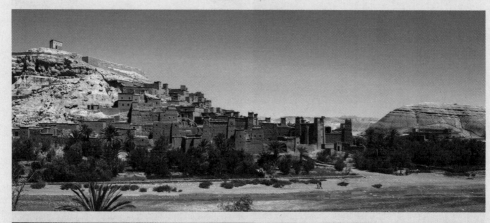

ÁFRICA

Si lo suyo son las aventuras, pueden hacer un safari por Kenia o Tanzania y descubrir las maravillas del mundo animal a través de la sabana africana.

Tanzania es una de las mejores opciones de luna de miel en África, ya que se pueden combinar los inmensos parques nacionales, como el Serengeti, y la isla de Zanzíbar.

También pueden llegar hasta Madagascar, una isla exótica donde disfrutarán de la naturaleza salvaje y descansarán en sus paradisíacas playas. Las Seychelles son también un destino ideal para viajes de novios donde el relax es la prioridad.

En Sudáfrica podrán visitar Ciudad del Cabo, hacer un safari fotográfico o dejarse impresionar por las cataratas Victoria. Los más atrevidos tendrán la posibilidad, incluso, de encerrarse en jaulas y dar de comer al gran tiburón blanco.

Si su presupuesto es más limitado, pueden recorrer Marruecos en coche, llegar hasta el desierto y alojarse en uno de los encantadores *riads* de Marrakech.

También pueden perderse por Egipto, visitando la caótica ciudad de El Cairo y realizando un crucero por el Nilo para descubrir la cultura de los faraones.

OCEANÍA

Australia, Nueva Zelanda, las islas Fiji, las Cook o la Polinesia Francesa son, sin duda, lugares para pasar una luna de miel inolvidable. Por la distancia a la que se encuentran, se trata de destinos para estancias bastante largas; es recomendable disponer por lo menos de quince días.

El menú

Otro de los elementos cruciales de la boda. Hoy en día no es necesario un banquete de tres horas con coctel, entrada, pescado, sorbete, carne, prepostre y postre y en el que se tire la mitad de la comida. De hecho, es absurdo y totalmente desaconsejable. Sin embargo, su boda no será un bodón si sus invitados se quedan con hambre.

Tanto si cuentan con un *catering* como si reservan un espacio donde ya ofrecen el servicio de restauración, asegúrense de la calidad de la comida y del servicio. La prueba del menú les servirá para cerciorarse de que escogen los platos que más les gustan.

Pueden decantarse por un formato tradicional, con aperitivo y banquete, o por un formato tipo coctel, que es una opción más informal e innovadora, donde se sirve el menú en forma de botanas, tapas o canapés de forma continua. Se trata de una alternativa más dinámica porque los invitados pueden permanecer de pie, sentarse o circular por todo el espacio de celebración... Existe la posibilidad de montar diferentes bufés o *show cooking* (cocina a la vista).

Si optan por un formato coctel, les recomendamos encarecidamente que haya al menos tantos asientos como invitados. Tarde o temprano, todos queremos sentarnos un rato (sí, sí, también los jóvenes).

Sea cual sea la fórmula elegida, y ciñéndonos al tema puramente gastronómico, les aconsejamos (sin que sirva de precedente) que piensen un poco en el gusto de sus invitados, ya que hay platos e ingredientes un poco más arriesgados que otros y que pueden no gustar a la mayoría.

 Consejo: si ofrecen productos locales y de temporada el éxito está garantizado.

Y, por supuesto, ya que están cuidando todos los detalles, no pueden olvidarse de los niños ni de sus invitados vegetarianos, celíacos, alérgicos... Actualmente todos los restauradores están preparados para ofrecer suculentas alternativas adaptadas a estas necesidades.

¿Han oído hablar de la tornaboda? Es una fantástica idea que consiste en ofrecer en la última parte del baile una botana para reponer fuerzas: canapés, sándwiches, minibocadillos, minihamburguesas... o incluso brochetas de fruta fresquita, que después de unas cuantas horas bailoteando se agradece muchísimo.

El coche

El vehículo de la novia puede ser desde un Rolls-Royce hasta una Vespa con sidecar: así de variopintas son las posibilidades. Una vez más, lo ideal sería que el vehículo concordara con el estilo de su boda, pero a veces los novios buscan un contraste absoluto y, aun habiendo organizado una boda clásica, la novia aparece en la ceremonia en una camioneta Volkswagen. ¿Por qué no? Esto es lo bueno de decidir ustedes las reglas; a las princesas no les preguntan si prefieren una carroza o un auto deportivo.

La elección del coche con el que llegarán a la ceremonia estará condicionada por sus prioridades. Hemos conocido novios para los que era imprescindible presentarse en un determinado modelo de una marca en concreto y han estado dispuestos a pagar el alquiler más el costoso desplazamiento desde un lugar lejano... Otros muchos, en cambio, han preferido invertir ese dinero en otros aspectos que para ellos eran más importantes y han recurrido a algún familiar para que les prestara su bonito coche o incluso han usado su propio auto pequeño. Como siempre, ustedes mandan.

En cualquier caso, si quieren un coche especial, internet es su aliado. Seguro que encontrarán alguna empresa que les alquile el coche de sus sueños. Hasta es posible que tengan suerte y no esté demasiado lejos de ustedes.

Un secreto: las limusinas cada vez nos gustan menos, pero esta solo es nuestra opinión. No se lo digan a nadie.

Los anillos

Los anillos generan gran expectación y seguro que les hace mucha ilusión elegirlas. Quizá sea porque es hasta gracioso pensar que durante las primeras semanas tras la boda, todos los días, cuando se despierten, mirarán su mano, verán el anillo y pensarán: « ¡Sí, sí, esto iba en serio! ¡Estamos casados!» Como en casi todo, van a tener muchas opciones para elegir: desde la clase de oro (si se deciden por este material) hasta el grosor, lisas o con algún tipo de tallado, iguales para ambos o diferentes... Elijan las que más cómodos los hagan sentir: ¡son para toda la vida!

Una consideración: el precio de sus anillos estará directamente relacionado con el precio del oro en el momento de la compra, y este no para de subir. Por tanto, cuanto más tarde compren los anillos, mayor será su precio. Con esto no queremos decir que los compren de forma urgente, primero porque la diferencia de precio no justifica esta urgencia y segundo, y más importante, porque puede cambiar su talla. Sí, en los anillos también hay tallas, como en la ropa, y la nuestra puede variar si engordamos o adelgazamos, e incluso en función de la época del año (con el calor nuestros dedos se dilatan y es posible que un anillo que en verano se nos ajustaba perfectamente en invierno nos quede holgado).

Nuestro consejo es que elijan y compren sus anillos unos dos o tres meses antes de la boda.

Por cierto, si su ceremonia va a ser católica, necesitarán unas arras. Es muy posible que se las presten sus padres o algún familiar, pero, si no disponen de esta opción o prefieren tener las suyas, este sería un buen momento para conseguirlas. Ahí lo dejamos...

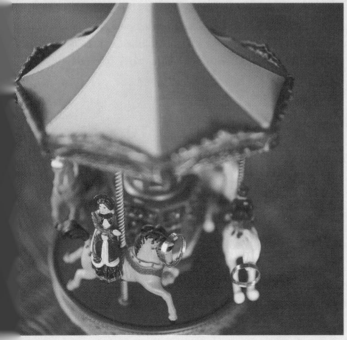

El gran dilema: ¿número de cuenta o mesa de regalos?

NÚMERO DE CUENTA

No negarán que el regalo más práctico de todos es el dinero en metálico para que ustedes puedan invertirlo en lo que más necesiten, a no ser que tengan que «fundar un hogar» y amueblar y decorar su nido desde cero. Sin embargo, hoy en día la mayoría de los novios ya viven juntos antes de casarse y han ido adquiriendo, según los han ido necesitando, los electrodomésticos, las vajillas, las mantelerías, etc.

Si prefieren que les regalen dinero y tienen la confianza suficiente con sus invitados para decírselo, lo mejor es que lo hagan. No nos engañemos. Es lo más cómodo para todo el mundo y la mejor opción para no encontrarse con jarrones chinos, figuritas *kitsch* o tres batidoras y dos exprimidores.

Pueden acompañar la invitación de una pequeña tarjeta con un mensaje desenfadado para que no resulte tan violento: por ejemplo, «Su mejor regalo, nuestra luna de miel», seguido del número de cuenta. De esta forma, podrán añadir o quitar la tarjeta en función de cada invitado: es posible que algunos de ellos se sientan ofendidos si les insinúan que prefieren un regalo en metálico.

> Hoy he recibido una invitación de boda con un número de cuenta.
> ¡Qué monos! Les he domiciliado el teléfono, el agua, la luz y el colegio de los niños.
>
> Leído en Twitter

Aun habiendo indicado su número de cuenta, habrá invitados que optarán por hacerles el regalo el mismo día de la boda, en el clásico sobre. Si es así, asegúrense de que no los pierdan. Lo mejor es que se los entreguen a alguien de confianza para que los guarde en un lugar seguro.

MESA DE REGALOS

Si prefieren que les regalen cosas que necesitan para su casa, lo más cómodo es acudir a un comercio donde ofrezcan este servicio y ustedes escojan lo que quieran (todos tenemos unos grandes almacenes en mente). Se trata de la tradicional mesa de regalos, que está compuesta por aquellos artículos que más les interesan, y que a sus invitados les facilita la tarea de escoger y les garantiza el acierto.

Hoy en día hay muchos portales de internet que ofrecen plataformas para crear tu mesa de regalos. Todos los invitados pueden acceder a ella y efectuar el pago *online* sin tener que desplazarse al comercio, al tiempo que ustedes puedan llevar un control.

Otro sistema que está de moda en algunos portales es hacer regalos ficticios por un valor determinado. Así, sus invitados les pueden regalar dinero de una forma más divertida. Ustedes crean una lista de regalos inventados (una alfombra voladora, por ejemplo); ellos escogen un artículo y lo compran. Al final del proceso, ustedes reciben el importe del regalo en su cuenta bancaria para que lo inviertan en lo que estimen oportuno.

Por último, si lo que quieren es un viaje espectacular, esto les puede interesar: hay listas de bodas para viajes donde los invitados pueden ir añadiendo kilómetros, etapas o destinos al viaje de novios.

Los detalles para los invitados

Una forma de agradecer a sus invitados su asistencia es obsequiarles con un pequeño regalo el día de la boda.

En nuestra opinión, elegir este detalle a priori tan poco importante y que representa una parte muy pequeña del presupuesto global de la boda es una de las tareas más difíciles. Encontrar algo original, práctico, que hable de ustedes y que además no tenga un precio desorbitado es un trabajo muy, muy duro, pero se puede hacer.

Hay muchas ideas que, bien trabajadas, con un *packaging* bonito, encantarán a sus invitados, y que además pueden personalizar o hacer ustedes mismos. Les vamos a dar algunas con las que seguro que darán en el clavo:

PARA ELLAS...

Una pulsera o un colgante
Un espejo con una ilustración de ustedes
Unas pantuflas o bailarinas

PARA ELLOS...

Una botella de licor
Un juego de mesa en versión mini
Una botella de vino o de aceite

PARA AMBOS...

Una pastilla de jabón natural
La banda sonora de su boda
Una memoria USB personalizada
Una mermelada casera

Además, en las páginas 180 y 181 les ofrecemos un tutorial para que personalicen este detalle.

Esto es solo una muestra. Dándole al coco, seguro que darán con algo que les hará ilusión regalar. Pero, si no lo consiguen, ¿saben qué pueden hacer? ¡No regalar nada! En serio. Ya están preparando una superboda con miles de detalles pensados para agradar a sus invitados. No se van a sentir más queridos porque les regalen una pashmina o un tapón para el vino, de verdad.

Aun así, si sienten la necesidad de ofrecer un detalle pero no quieren tirar el dinero en algo que no los acaba de convencer, su mejor opción, sin duda, son los regalos solidarios. Hay muchas ONG que ofrecen la posibilidad de comprar, a modo de donativo, algo simbólico que luego pueden regalar a sus invitados el día de la boda. Y su dinero irá destinado a una buena causa.

¡!

Si reparten los regalos ustedes mismos se puede interrumpir el ritmo de la boda. Una buena opción para evitarlo es dejar el regalo en la mesa de forma que los invitados lo encuentren al sentarse, o montar un bodegón bonito con algún cartel que los invite a tomar su detalle. En ambos casos, se pueden integrar con la decoración e incluso reforzarla; así matan dos pájaros de un tiro.

La organización de las mesas

Distribuir a los invitados en mesas no es una tarea nada fácil. Primero porque habrá muchos invitados que no confirmarán su asistencia hasta el último momento, y segundo porque las mesas tienen un número máximo de comensales (en las redondas, lo ideal suele ser entre ocho y diez), por lo que en ocasiones no hay más remedio que separar grupos o mezclar a invitados que a priori no tienen mucho en común.

Dentro de lo que cabe, deben procurar hacer la mejor distribución de mesas posible, juntando a las personas por grupos de una manera lógica. Por ejemplo, la mesa de los compañeros de trabajo o la mesa de los amigos de toda la vida. Si se ven obligados a mezclar, intenten colocar a los invitados por afinidades. O sea, si les queda una pareja colgada, pónganla en una mesa con gente de su mismo grupo de edad. Sentido común, ¿no?

Hay algunos servicios en internet (e incluso aplicaciones para celulares) que facilitan esta tarea. Ofrecen la opción de dibujar el salón de su banquete y distribuir a los invitados en mesas. La gran ventaja de estos servicios es que permiten hacer de forma rápida tantas modificaciones como sean necesarias. Por lo demás, un lápiz y papel les irán igual de bien.

Muchos novios deciden nombrar las mesas de un modo especial (por ejemplo, ciudades del mundo a las que han viajado, tipos de flores o pelis que les gustan). Si a ustedes les apetece hacer algo parecido, nuestro consejo es que, además de nombrarlas, las numeren (y si puede ser siguiendo el mismo criterio que les marque el *catering*, mejor que mejor). Para los invitados será mucho más fácil localizar su mesa y se pueden ahorrar muchas confusiones.

El día de la boda, para que los invitados sepan cuál es su sitio, se coloca el *seating plan* o panel de invitados o protocolo. Algunos conocerán este elemento como «ese tablero de corcho forrado con tela fea en el que se sujetan con chinches unas hojas en las que se han impreso en letra Times New Roman los números de las mesas y los nombres de los invitados que se sientan en cada una de ellas». Aunque poco a poco va cambiando la cosa, la verdad es que en la mayoría de los establecimientos no se le suele dar mucha importancia. Para nosotros representa la magnífica oportunidad de crear un bodegón y añadir un elemento a la decoración global de la boda. Uno de los más relevantes, de hecho.

Si el brindis se celebra en un espacio relativamente alejado del banquete, les recomendamos que coloquen dos: uno bien bonito en un lugar visible en el brindis y otro más sencillo a modo de recordatorio a la entrada del banquete, por si algún invitado despistado o desmemoriado aún no sabe cuál es su mesa.

Para completar la función, cada mesa deberá llevar un cartelito donde se ponga el número y/o el nombre de la mesa y, si además asignan un asiento concreto a cada invitado, los marcasitios correspondientes (los cartelitos con el nombre de cada invitado que se colocan en el plato o en la servilleta y que les permiten reconocer cuál es su sitio dentro de su mesa).

No hace falta decir que en las bodas tipo coctel se pueden olvidar de este gran quebradero de cabeza.

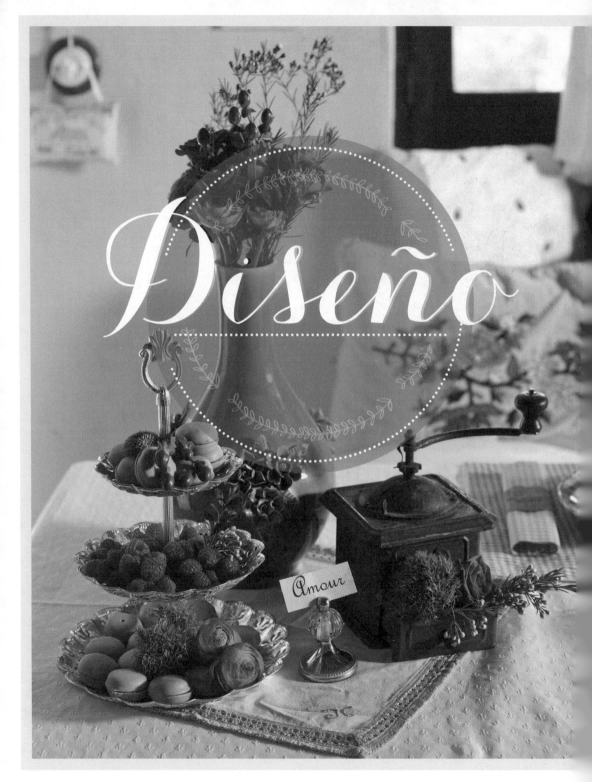

Diseño

LA IMAGEN GRÁFICA DE SU BODA

Sí, las bodas tienen una parte gráfica. Afortunadamente, el diseño gráfico llegó a las bodas y les dio un plus que ayuda a reafirmar su estética y su personalidad.

Antes, las invitaciones y las tarjetitas de los detalles para los invitados se componían con una tipografía clásica, a menudo en cursiva, o con una Comic Sans si eran más desenfadadas. Eso ya pasó. Tampoco se daba importancia a que la tarjeta del menú, por ejemplo, combinara con el resto de los elementos gráficos. En algunos *caterings* ofrecen la posibilidad de elegir entre varios modelos, pero es complicado que alguna de esas opciones case con el diseño gráfico que queremos emplear para la boda.

Estamos hablando de trabajar con algo así como una identidad corporativa. Si son hábiles con los programas de diseño, pueden hacer ustedes mismos la imagen gráfica y, si no, en nuestro país tenemos estupendos diseñadores y muchos estudios especializados en el sector que crearán para ustedes una imagen gráfica que encaje con su tipo de boda. Es lo que se llama «tarjetería o papelería de la boda» (*stationery* en inglés).

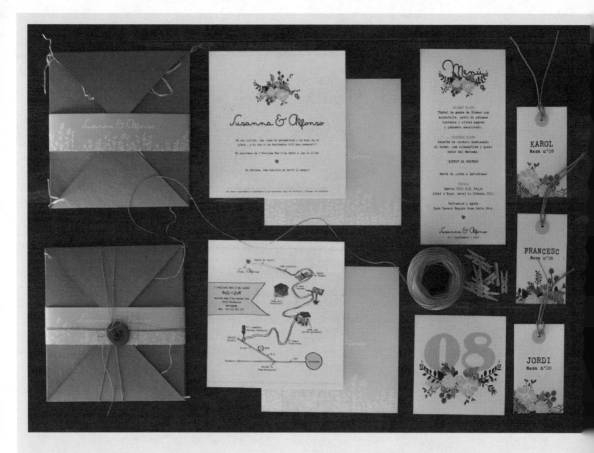

¿Cuáles son las piezas más usadas de la tarjetería? Una vez que tenemos un diseño, este se puede aplicar en infinidad de soportes impresos: invitaciones, menús, panel de invitados, marcasitios, tarjetas de regalos para los invitados, libreto de la ceremonia (misal si es ceremonia religiosa), números de mesa, carteles de señalización, tarjetitas para diferenciar las golosinas o repostería de la mesa dulce, tarjetas de agradecimiento... y todo lo que se les ocurra. El diseño gráfico aplicado a las bodas nos abre un abanico enorme de posibilidades.

Siempre que hablemos de diseño gráfico aplicado a las bodas, debemos tener en cuenta esta premisa: hay que combinar la estética con la funcionalidad.

Su logo como marca de la casa

Una forma de personalizar la boda es crear un logo con sus nombres, sus iniciales, la fecha de la boda o un dibujo. Este logo o anagrama les puede servir para usarlo en muchos soportes de la tarjetería: pueden imprimirlo o serigrafiarlo, y para los más *craft* está la opción de hacer un sello y estamparlo ustedes mismos.

El logo de su boda es un detalle que da mucha personalidad al diseño.

Las invitaciones

¡Nos encanta esta parte! Diseñar y elegir las invitaciones es uno de nuestros momentos favoritos de los preparativos. Es el punto de partida del diseño y de la propia celebración: son la carta de presentación de la boda, y hay tantas posibilidades de maquetación y *packaging* que es una delicia trabajar en ellas. Vamos a contarles algo más sobre este punto.

Las invitaciones serán posiblemente el primer contacto que tengan sus invitados con la boda; por eso decimos que son la carta de presentación. Tienen como finalidad anunciarles de forma oficial que quieren que los acompañen en ese día tan importante. Hay un fuerte componente sentimental en el mero hecho de entregar las invitaciones: la ilusión de reunir a los amigos o visitar a la familia para repartirlas y de recibir su respuesta alegre ante la noticia. También tienen, por supuesto, un componente práctico: en la invitación debe figurar la información básica de la boda. Les recomendamos que no olviden ninguno de estos datos:

- Sus nombres
- La fecha de la boda
- El lugar donde se celebra la ceremonia y la comida o cena
- La hora de la ceremonia y de la comida o cena
- Sus teléfonos de contacto para que puedan confirmarles la asistencia

Si están pensando en el formato más tradicional de invitación, conviene que el planteamiento del texto sea otro: los novios junto con sus padres invitan a la celebración, y suelen utilizarse algunas abreviaturas como «D. m.» («Dios mediante») o «RSVP» («répondez s'il vous plaît»).

Como la invitación habla del estilo de la boda, es importante su diseño. Excepto en las invitaciones de bodas clásicas, que apenas han variado con los años, ahora podemos encontrar todo tipo de modelos. Si les gustan las manualidades y se decantan por una invitación de varias piezas, pueden crear un pequeño taller de montaje casero y encargarse del ensobretado, la preparación del *packaging*, etc. Incluso pueden pedirle colaboración a alguien de la familia y así implicarlo en las tareas de la boda: lo harán sentir importante para ustedes. Ya saben, armar invitaciones es la excusa perfecta para pasar una tarde divertida. Nosotros lo acompañaríamos con un té y un bizcocho casero. ¿A qué no suena mal?

Pueden envolver las invitaciones con telas bonitas, usar ramitas de hojas (lavanda, olivo, boj...) para cerrar el *packaging*, sustituir el tradicional sobre por cajitas de cartón, atarlas con cuerda rústica o Baker's Twine (una combinación de hilo blanco más uno de color que está muy de moda y da un toque especial a cualquier *packaging*), emplear sellos antiguos para darles el aspecto de carta postal, usar lacre y su anagrama para cerrar el sobre, estampar sellos de *scrapbook* con tintas diferentes... Hay miles de posibilidades. ¡Seguro que no les faltan ideas!

El panel de invitados o protocolo de mesas

Este elemento (en inglés, *seating plan*) tiene una función práctica: que los invitados encuentren la mesa en la que los novios los han ubicado. Y como solo se trata de eso, podemos elaborar un listado con los nombres de los invitados que van en cada mesa en una simple hoja, ¿verdad? Pues no. ¡Hagamos bonito esto también! Hablaremos más adelante de este asunto, pero para nosotros el panel de invitados es un punto relevante de la decoración, y tratamos de destacarlo y darle el protagonismo que merece.

Por eso, la gráfica del *seating plan* tiene que estar a la altura del resto de la tarjetería. Hay muchas formas de hacerlo, pero básicamente se dividen en dos: individual o por mesas. Si lo hacen individual (una tarjeta por invitado en el que se indique su nombre y dónde se sienta), pueden colocarlos por orden alfabético. Si lo hacen por mesa, será mucho más fácil: un listado por orden de mesas con todos los invitados que van en cada una de ellas. En este caso, pueden poner a los invitados uno por uno o por parejas. Cabe la posibilidad de escribir solo los nombres o los nombres y los apellidos.

En algunas ocasiones, se realiza un plano esquemático del salón del banquete, para ayudar a la localización de las mesas. Suele ser un plano sencillo, en el que con un simple vistazo los invitados sabrán en qué zona del salón se encuentra la suya. Este elemento es siempre complementario, no puede sustituir al listado de nombres. Nosotros lo recomendamos en bodas con muchas mesas; si no, no es estrictamente necesario.

Seguro que se han fijado en la forma de numerar las mesas de hoteles, salones, *caterings*... Suele hacerse con una cartulina con una numeración en una tipografía básica. Si en el lugar donde celebran el banquete disponen de unos números de mesa bonitos que además casan con el diseño de su papelería, adelante, úsenlos. Si no es así, lo ideal sería crearlos en la misma línea que el resto de la imagen gráfica.

Lo importante de este elemento es que identifique la mesa claramente, por lo que el número deberá tener un tamaño apropiado para su fácil lectura. Si van a nombrar las mesas de alguna forma en concreto, no olviden poner también su correspondiente número. Recuerden el consejo anterior: sí a la estética y las cosas bonitas, pero sin olvidar la funcionalidad.

Para complementarlos pueden usar un marco bonito o un pequeño caballete, pegarlos a un palito y pincharlos en el centro de mesa o apoyarlos sobre otro elemento decorativo. En las páginas 178 y 179 les mostramos cómo hacer unos originales números de mesa DIY.

Las minutas o menús

Las minutas (tarjetas donde figura el menú) a veces pasan por ser las grandes olvidadas de la papelería de bodas. Deberían formar parte de un mismo conjunto, pero es comprensible que en los lugares donde se celebran los banquetes no puedan hacer un diseño personalizado para cada pareja. Algunas empresas cuidan mucho esta presentación y les ofrecerán minutas impresas en papeles de calidad y con muy buenos acabados, pero si no combinan con el resto del diseño les recomendamos que hagan unas acordes. En las páginas 182 y 183 tienen un ejemplo.

Suelen presentarse sobre el plato o apoyadas en la cristalería, y su formato es algo muy particular: pueden ser una sola pieza alargada y vertical, o un díptico con los nombres de los novios y la fecha de la boda en la portada y el menú en el interior. Hay infinidad de opciones de maquetación y tamaño. Sin embargo, es importante saber cómo va a ser la colocación del servicio de la mesa para elegir un formato adecuado. Sin olvidar la estética, prioricen la funcionalidad y asegúrense de que la tipografía y el tamaño que elijan se lean perfectamente (piensen en las personas mayores).

LA DECORACIÓN DE ESPACIOS

CÓMO CONSEGUIR EL EFECTO WOW

Nos adentramos ahora en una de nuestras partes preferidas en materia de diseño. Es maravilloso ver la transformación que experimentan algunos lugares a través de la decoración: las flores, las luces, el mobiliario, las velas, los objetos antiguos o actuales, las telas, los pequeños detalles o las grandes producciones... Todos estos elementos son importantes y nuestros protagonistas en este capítulo.

Para nosotros, diseñar decoraciones es una auténtica pasión: se trata de la posibilidad de crear un pequeño universo a medida de cada pareja de novios. En una ocasión leímos que la importancia de la decoración efímera es que ha de perdurar en el recuerdo, y no podemos estar más de acuerdo con ello; solo tenemos unos instantes para cautivar e impresionar a los invitados en un primer vistazo. La decoración estará expuesta solo unas horas (el tiempo que dura la boda), pero el recuerdo de todos los que disfrutaron de esos detalles debería permanecer durante años. Ese es el reto: cautivar, sorprender, dejar huella en la memoria. ¡Y que su boda sea un bodón!

Veamos las grandes zonas decorativas de una boda y algunos de nuestros trucos como diseñadores. ¡3, 2, 1, empezamos!

CEREMONIA EN UNA IGLESIA

Estos lugares, ya marcados estéticamente por su propio arte, han de ser tratados con el máximo respeto y mesura. Nos referimos, por ejemplo, a que en una iglesia pequeña donde apenas caben cincuenta personas es un tanto absurdo plantear una decoración barroca y exagerada, porque restaríamos valor a la belleza del lugar, además de entorpecer el espacio sin justificación.

Un buen florista es el profesional que mejor los aconsejará sobre cómo decorar el lugar de la ceremonia según su presupuesto, su estilo y la iglesia que hayan elegido.

Si les sirven nuestras ideas, a nosotros nos gustan los trabajos de flor livianos y sencillos, las plantas como elemento principal y las flores en gamas de blancos combinadas con el verde de diferentes hojas.

Para la puerta de la iglesia, quedan muy bonitos los trabajos de flor sobre peanas o pequeños árboles en grandes maceteros, flanqueando la entrada. También pueden colocarse fuera, sobre unas mesitas, las cestas con los pétalos, el confeti o el arroz.

En algunas iglesias colocan una larga alfombra en el exterior para recibir a los novios y los invitados. Si les atrae esta posibilidad, pueden alquilarla o comprarla por metros. Busquen moqueta ferial; así suele llamarse a este tipo de alfombra.

CEREMONIA CIVIL

Las bodas civiles dejaron de ser hace años las hermanas pequeñas de las bodas por la Iglesia. En este momento, el número de bodas civiles es mayor que el de religiosas, aunque esto puede variar de acuerdo al lugar o estado. Por ello la decoración de las bodas civiles va cobrando cada vez más importancia.

Sin embargo, cuando tienen lugar en dependencias oficiales (delegaciones, juzgados, salas de plenos, etc.), las ceremonias civiles están un poco más limitadas en cuanto a la decoración por dos motivos: porque hay que ceñirse al tipo de decoración floral que permitan poner y porque suele haber varias bodas seguidas, y eso hace que apenas quede tiempo para montar y desmontar. De todos modos, estamos generalizando: no es lo mismo el juzgado de una gran ciudad que el de un pueblo pequeño. Consulten qué pueden hacer en su caso.

En cambio, en las ceremonias que se celebran en el mismo lugar donde se desarrolla el resto de la boda, aumentan las posibilidades de personalización. Es importante que analicen bien el espacio, que sepan cómo son las sillas que se colocarán para los invitados, dónde se sentarán ustedes, si habrá alfombra en el pasillo o cómo se delimitará esta zona, y, en general, que recopilen todos los detalles sobre la organización y la decoración del lugar. En estos espacios privados tenemos más libertad para trabajar con flores y elementos ornamentales en el pasillo y en cualquier parte de la ceremonia.

Dependiendo del estilo de su boda, necesitarán un tipo de decoración u otro. En general, para nosotros es importante que el pasillo quede «limpio» y sea espacioso y que la zona donde se ubican los novios y el maestro de ceremonias esté bien enmarcada y que guarde una distancia suficiente respecto a la primera fila de sillas.

No se sientan obligados a imitar el formato de una boda religiosa: no es necesario que se sienten de espaldas a los invitados; de hecho, ellos agradecerán que estén frente a ellos, o ligeramente ladeados, para poder verlos. Si usan una mesa o mueble para centrar la decoración de la ceremonia, esta puede servir de apoyo a la persona que oficie y a los invitados que vayan a leer. Cuando tenemos que leer en público, nos sentimos más seguros si hay algún elemento delante de nosotros: una zona de apoyo, un atril…

Algunas ceremonias se celebran de pie, sin dar asiento a los invitados. Esto se los aconsejamos solamente cuando el acto sea muy breve y el lugar sea apropiado para ello. Piensen una vez más en las personas mayores y facilítenles asientos.

Si han preparado programas de la ceremonia, cucuruchos o bolsitas con confeti o cualquier otro detalle, pueden dejarlos en cada una de las sillas o colocarlos en un mueble, en una mesita, en sillas bonitas decorativas, en cajas de madera…: cualquier soporte que tenga la altura necesaria y vaya acorde con la decoración.

El coctel

El coctel es el espacio de transición donde se da la bienvenida a los invitados al sitio de la celebración del banquete (si no ha habido ceremonia antes en el mismo lugar de la boda). Se trata de un lugar de recepción en el que todo cuenta; por eso debemos cuidar desde la música que suena hasta el último detalle.

Bien, veamos. ¿Qué podemos hacer con la decoración para conseguir un coctel especial? Nosotros apostamos por personalizarlo a través de las pequeñas cosas: un cartel de madera y algo de decoración a modo de zona de bienvenida, una mesa con un libro de firmas o sus diferentes variantes, un rinconcito con fotos, una barra de aguas aromatizadas... Ese tipo de detalles que hacen sentir a un invitado que has querido consentirlo mientras esté en tu boda.

La comida, cómo no, desempeña también un papel esencial en el coctel. Este momento es la carta de presentación para el *catering* que hayamos elegido: los meseros reciben a los invitados con su mejor sonrisa, las bebidas están fresquitas y el aperitivo espera en la cocina listo para salir y conquistar a todos. Los bufés, las mesas temáticas y los *pop-up buffets* son tendencia. Cada vez se da más importancia a la presentación y decoración de las gastronomías y a la personalización de los banquetes. Algunos *caterings* personalizan el menú haciendo guiños a particularidades de la pareja; por ejemplo, si el novio es gallego, pueden montar un puesto de pulpo a la gallega preparado a la vista.

Consulten a su *catering* qué opciones les ofrece y aprovechen para reforzar así la decoración en la zona del coctel, que en algunas ocasiones, sobre todo en exteriores, es la estrella de los espacios.

Tengan en cuenta que decorar las zonas exteriores, al ser espacios muy grandes, suele ser costoso. Les aconsejamos trabajar con bodegones (veremos este tema y todos sus secretos unos capítulos más adelante) para reforzar los puntos estratégicos y no dispersar la decoración sin sentido.

El salón

Si queremos entender la importancia de este espacio, pensemos que el servicio de un banquete dura alrededor de dos horas, más la sobremesa que suele hacerse al terminar la comida. Sumemos ahora el tiempo que transcurre si hay alguna sorpresa por parte de familiares y amigos y el rato que dedicarán a repartir regalos y a platicar con los invitados. Han pasado ya tres horas, seguramente más. Ese es el tiempo que sus invitados estarán admirando la decoración del salón. Conseguir el efecto *wow* es posible. ¿Quieren saber cómo?

En una boda, cuando pensamos en centros de mesa, pensamos casi siempre en flores. Pero hay personas a quienes las flores ni fu ni fa, ni frío ni calor; vamos, que no les hacen «tilín» especialmente. Por otra parte, los estilos de decoración más actuales han traído otras posibilidades: el centro de mesa ya no es solo una composición floral sino que se combinan las flores con otros elementos. Y hay objetos tan bonitos y encantadores que merecen ser protagonistas de estas decoraciones.

Para hablar de las piezas principales de la decoración de los salones, las mesas, haremos dos grandes bloques: los centros de mesa con flores y los compuestos por otros elementos.

DECORACIÓN DE MESAS CON FLORES

Las flores son ideales, eso no se puede negar. La variedad y el contraste entre ellas son tan amplios que es difícil que ninguna opción floral los convenza. Aquí volvemos a recomendarles que sea un buen florista quien los aconseje, porque con su arte y su saber hacer consiguen que las bodas sean mucho más especiales. ¡Un aplauso para todos esos floristas que hacen bodas bonitas!

Nosotros les daremos unos consejos generales que les ayudarán a tener algo más de idea cuando se reúnan con su florista.

El sentido común y el bolsillo dicen que es mejor trabajar con flor de temporada. Así evitamos que el costo se dispare. Sin embargo, si tienen el capricho de alguna flor en concreto, piensen que se puede conseguir prácticamente cualquier tipo en cualquier época del año, pero si está fuera de temporada su precio será bastante más alto.

No se decoran igual las mesas redondas que las mesas alargadas. Aunque las medidas están bastante estandarizadas, cada *catering* tiene distintos tipos y medidas de mesas y tableros, y colocan diferentes cantidades y modelos de piezas de cristalería, cubertería y vajilla. Parece un detalle menor, pero hay que tenerlo en cuenta para saber cuál es la superficie útil de la que disponemos en el centro de la mesa.

La mantelería es otro elemento que debemos tomar en consideración cuando pensamos en el centro de mesa. Hay estampados maravillosos, pero piensen que un color llamativo o un estampado con demasiado protagonismo nos va a limitar a la hora de elegir las flores. El blanco y las texturas naturales (hilo, lino...) son siempre un acierto.

Hablar de colores de flores es entrar en un terreno complicado, porque, como dice el refrán, para gustos, los colores. Se trata de un tema subjetivo: la percepción del color que tenemos cada uno de nosotros es algo muy personal. Nosotros creemos que hay algunos que funcionan mejor que otros en las bodas, que son más amables (a nosotros nos gustan los rosas, los amarillos, los tonos cálidos), pero no queremos condicionarlos con nuestra opinión. Por suerte, hay flores de todos los colores y con muchos matices. Y, si no encuentran el que les gusta, las flores pueden pintarse (sí, sí, quizá ni se imaginaban, pero las flores, en ocasiones, se pintan).

Hay diferentes tipos de centros de flores, muchos, pero podemos dividirlos en dos grandes grupos:

- **Los centros con altura.** Respecto a estos, deben saber que es aconsejable que la zona del pie del elemento en cuestión (candelabro, copas altas o cilindros de cristal...) que está a la altura de los ojos de los comensales sea algo liviano y de efecto casi transparente, para que no impida que los invitados que se sientan en esa mesa tengan contacto visual. Eso son más o menos sesenta centímetros desde la mesa hacia arriba. Si eligen un centro alto, hagan la prueba: colóquenlo en una mesa de su banquete, siéntense el uno enfrente del otro y comprueben que no molesta visualmente. Estos centros pueden llevar composiciones de flor con caída, que dan un toque romántico y decadente, como los candelabros, o si se trata de cilindros de cristal o similar pueden llevar agua y flores suspendidas o incluso fruta flotando. ¡Hay mil posibilidades!

- **Los centros de sobremesa o bajos.** Nuestros preferidos. Sí es verdad que ciertos salones requieren centros con altura para compensar sus altos techos o para potenciar el estilo sofisticado del lugar, pero los centros bajos tienen otro encanto, son más dulces. Respecto al tamaño, intenten huir de menudencias que apenas se ven, y cuidado también con pasarse con la superficie ocupada y casi invadir el espacio de la cristalería de cada comensal. Como en todo, encontrar la medida justa es una virtud. ¿Les gustaría crearlos ustedes mismos? Pues vayan a las páginas 190 y 191 y descubrirán cómo hacerlo.

Según los recipientes y el tipo de flores que elijan, conseguirán darle a la decoración un toque u otro. Para crear sensaciones campestres y rústicas, pueden emplear recipientes de madera o mimbre combinados con flores acordes a ellos, e incluso con musgo y piñas o ramas. Si quieren un aspecto más fresco y elegante, los recipientes de cristal con agua son una excelente opción. Para un estilo *vintage*, pueden servirles las piezas de porcelana y las flores de tonos empolvados. Si buscan algo más sofisticado, elijan flores con mucha personalidad, como las rosas o las orquídeas, en recipientes de espejo o metalizados que le darán un toque *glam* a la mesa. Y si lo suyo es lo eco, tan en auge últimamente, unas macetas de barro con plantas ornamentales o aromáticas pueden ser una elección interesante. ¿Con qué se quedan?

Como hemos dicho antes, las bodas más modernas y las tendencias de las bodas anglosajonas, especialmente de Estados Unidos, nos han traído en los últimos años otras ideas y posibilidades para la decoración. Para los diseñadores han sido una bocanada de aire fresco. El hecho de que las bodas se personalicen más cada día y de que dejen de estar encorsetadas y limitadas a lo de siempre hace que de repente ya no nos parezca extraño decorar una mesa con libros antiguos, botes de conservas o piezas de madera. Afortunadamente, las bodas empiezan a dejar de oler a naftalina. Ahora huelen a diamantina, a colores flúor, a materiales reciclados. Por eso, encontrarnos otros elementos como centros de mesa, en lugar de las típicas rosas o margaritas, ya no es raro. O cada vez lo es menos.

¿De qué objetos estamos hablando?

Pues comencemos por los objetos que usaríamos en un estilo *vintage*: libros con tapas de piel y tela gastadas por el paso de los años, pequeñas piezas de porcelana (desde violeteros hasta cajas de joyas y juegos de té), juguetes metálicos de cuerda, postales antiguas, marcos de fotos, latas de té y todo lo que tenga sabor a antiguo. Con algo de gusto y tiempo para conseguir estas pequeñas joyas pueden hacer unos centros de mesa llenos de encanto y romanticismo, con cierto aire victoriano, que es lo que nos inspira a nosotros este tipo de decoración. Agrupen los objetos de forma que tengan un aspecto de «caos ordenado» y recuerden usar flores en colores suaves para potenciar el toque romántico. Y ya han conseguido transportar a sus invitados a 1900...

Si buscamos un estilo moderno y ecléctico, las líneas más atrevidas van por aquí: diferentes recipientes y botellas de cristal pintados en colores de una paleta cromática muy de tendencia, pequeñas figuras de animales pintadas en colores metalizados (preferentemente dorados, ¡nos apasiona el efecto!), velas. Nada de homogeneidad; con este estilo se busca romper simetrías y efectos en serie. Quizá les resulte sorprendente emplear esta clase de objetos como centros de mesa, pero se trata de un tipo de decoración que promete. Es la libertad unida a la tendencia. Nosotros apostamos por el moderno-ecléctico. ¿Se atreven?

Más alternativas a las flores: ¡la fruta! Que no es solo para comerla de postre; con ella podemos plantear composiciones tan variadas, divertidas y llamativas... Los centros de mesa con fruta, bien planteados y trabajados, suelen gustar mucho. Quizá porque no estamos acostumbrados a verla como ornamento. Para usarla como decoración en un centro de mesa, hay que elegir las mejores piezas, las más brillantes, sanas y gorditas. Si van a partir alguna, un truco para que no se oxide es frotarla con limón; eso evitará que tenga mal aspecto conforme vayan pasando las horas. Si buscan una opción diferente, fresca y con un toque natural, este puede ser un acierto.

Los amantes de las manualidades pueden idear un centro de mesa con ese sello único y personal que dan las cosas hechas a mano. El *craft* es tendencia absoluta: de repente hemos rescatado el papel café para flejar que se usaba antiguamente y las cuerdas y el hilo pulido con el que se ataban antaño los paquetes, y los *collage* de toda la vida tienen ahora materiales propios en algo que se llama *scrap* (abreviatura de *scrapbooking*: técnica nacida en Estados Unidos que inicialmente consistía en decorar álbumes de fotos con recortes, trozos de diferentes papeles, remaches y otros materiales) y que es una mezcla de multitud de procesos creativos, todos manuales, entre otros el recorte y pegado. El caso es que con estas técnicas, totalmente libres, pueden personalizar diferentes soportes y convertir las mesas de los invitados en el resultado de un pequeño taller artesanal. Papel, tela, pintura... Todo sirve; solo hace falta algo de destreza y ¡mucha creatividad!

Y después de ver todas estas ideas, les toca decidir por qué opción van a apostar. No tengan miedo a innovar, pero tampoco se sientan obligados a usar elementos modernos si lo que realmente les apetece es tener unos centros de mesa clásicos. Lo importante es que sean fieles a su estilo y al de su boda. ¡Suerte con la elección!

El baile

Después de la comida o de la cena, según hayan elegido celebrar su boda por la mañana o por la tarde, llega uno de los momentos más esperados: el baile, que para todos es sinónimo de «fiesta». El banquete ha terminado, todo el mundo ha disfrutado de la comida, han repartido algún regalo y ahora toca divertirse y terminar la celebración por todo lo alto.

El primer baile de los novios suele abrir la fiesta, pero una vez más no hay nada escrito. Pueden hacer lo que quieran: si son más tradicionales pueden abrirlo con un vals; si son más atrevidos, con un rock con piruetas y todo o con una canción coreografiada. Como siempre, ustedes deciden. Y si prefieren no abrir «oficialmente» el baile ustedes porque son tímidos, pues no bailen. Eso sí, nuestra recomendación es que lo hagan: ¡puede ser uno de los momentos más bonitos y emotivos de la boda! Una idea para darle un toque más romántico es repartir luces de bengala entre sus invitados. Y para cuando el ambiente ya esté animado, las pulseras o agitadores de bebidas fluorescentes suelen gustar mucho y el efecto en las fotos también es genial.

Seguramente, ya conocen la importancia de esta parte de la boda. Conseguirán un buen DJ, se preocuparán de que las bebidas sean de primeras marcas e incluso es probable que contraten una tornaboda para reponer fuerzas después del baileteo. Pero hay muchas más ideas para que este tramo de la fiesta esté a la altura del resto de la boda. Vamos a verlas.

LA CANDY BAR O MESA DE DULCES

¿Quieren sorprender a sus invitados? Pues preparen una *candy bar*, pero una de las buenas. Una *candy bar* (o simplemente *candy*) es un bufé de golosinas y dulces que se suele ofrecer durante el baile. La idea viene de Estados Unidos y aquí ya es toda una tendencia. No hay fiesta que se precie sin una *candy bar*.

Para que una *candy bar* triunfe de verdad hay dos elementos clave:

- El factor estético: que sea bonita.
- El factor sorpresa: prepárenla de tal forma que los invitados no la vean hasta el momento adecuado (que suele ser cuando empieza el baile).

CÓMO HACER UNA BONITA CANDY BAR

No se trata simplemente de comprar unas cuantas golosinas y meterlas en tarros de cristal. Si quieren una mesa de dulces espectacular, tendrán que diseñarla. A estas alturas ya saben cuáles son los pasos para diseñar una boda, ¿no? Pues diseñar una *candy bar* es exactamente igual: lo más importante es encontrar su estilo. Pueden seguir con el mismo del resto de la boda o idear algo totalmente diferente. Sea como sea, deben tener en cuenta la estética de todos los elementos de el *candy bar*.

LAS GOLOSINAS

Hay infinidad de golosinas y chucherías en el mercado. A la hora de seleccionar las que van a ofrecer en su *candy bar*, lo ideal es buscar una armonía cromática. Es preferible centrarse en chucherías de uno o dos colores que formar un batiburrillo antiestético. Si quieren conseguir un efecto más alegre, pueden usar gomitas de varios colores, pero siempre bien combinados. Si prefieren algo más sobrio, elijan chucherías y dulces de una misma tonalidad, o de varias tonalidades de un mismo color. Por supuesto, también es fundamental que haya un buen surtido. No pueden poner, por ejemplo, únicamente algodones (aunque sean de varios tipos) solo porque sean los más bonitos.

LA REPOSTERÍA

A nosotros nos gusta incluir siempre algo de repostería. Hoy en día hay auténticas maravillas en repostería creativa. Seguro que han oído hablar de *cupcakes*, *cake pops* y pasteles *fondant*. Pues bien, si añaden este tipo de dulces a su mesa, quedará mucho más espectacular y completa. Eso sí, encarguen los dulces a profesionales. La gran ventaja de este tipo de pastelería es que se puede personalizar muchísimo y adaptar su diseño a la temática de la *candy bar*. Explíquenle el estilo de la suya al repostero y seguro que los orientará en lo que va mejor en su mesa de dulces según cantidades, sabores, etc. Otro elemento que nosotros usamos mucho y que triunfa sin duda son las donas decoradas y rellenas. Las tradicionales glaseadas o de chocolate, colocadas en una pequeña torre, también son un éxito garantizado. ¿A que se les hace agua la boca?

Es una forma más de personalizar el *candy bar*, de que sea solo suya. Pueden añadir cartelitos diseñados especialmente para su mesa de dulces, siguiendo la misma línea gráfica de la boda. Los cartelitos pueden llevar frases divertidas o los nombres de los dulces, cumpliendo una función informativa (muy útil en el caso de que haya repostería). Este elemento no es imprescindible; siempre pueden suplir el efecto ornamental de la papelería con detalles de decoración acordes al diseño: flores, banderines, etc.

LOS RECIPIENTES

Cuanto más bonitos sean, más bonita será su *candy bar*. Así de sencillo. La mala noticia es que los recipientes bonitos (y grandes) suelen ser caros. Por otro lado, también tienen que dar importancia a la funcionalidad. Hay recipientes preciosos pero poco prácticos, porque son estrechos y no se puede acceder bien a las golosinas, porque no son estables o porque son demasiado delicados (sobre todo los que tienen forma de copa y son muy altos o para pasteles, porque la tapa puede peligrar). Tengan en cuenta que la mesa de dulces estará en el espacio del baile, donde hay poca luz e invitados bailando y pasándoselo bien. Por tanto, hay riesgo de que alguien dé un golpe sin querer a la mesa y el recipiente se haga añicos.

EL FACTOR SORPRESA

Si una *candy bar* es muy bonita pero resulta que todos los invitados la están viendo desde el primer instante, cuando llegue el momento de disfrutarla ya no despertará ningún interés (suponiendo que los más pequeños hayan podido resistir la tentación y siga intacta).

Lo ideal es que cuando los invitados entren en el salón donde tiene lugar el baile se la encuentren ahí, de repente, espectacular. Muchas veces, el baile se celebra en el mismo salón del banquete. En tal caso, para conseguir el efecto sorpresa, la mesa de dulces se puede ocultar tras unos biombos, o se puede tener preparada en la *office* y sacarla al salón en el momento adecuado. Cada sitio es diferente y cada boda requiere soluciones distintas, pero siempre hay una forma de lograr el efecto sorpresa.

Por último, una consideración muy importante. Detrás de una buena *candy bar* siempre hay un trabajo de producción, montaje y logística. Si tienen a alguien de confianza que pueda montar la suya tal como ustedes la quieren, perfecto. Pero, si no, les aconsejamos que contraten este servicio a alguna empresa. Las hay que se encargan de todo: diseño, creación y producción, transporte, montaje y desmontaje. Tienen los medios y el conocimiento, así que, antes de perder los nervios, piénsenlo bien y planteense contratar su *candy bar* a una empresa igual que han confiado en otros profesionales para el resto de su boda.

Lo sentimos, pero no les damos permiso para estar preocupándose de estas cosas el día B.

EL PHOTOBOOTH

Un *must have*, sin duda. El término *photobooth* procede del inglés y se podría traducir por algo así como «cabina fotográfica». Ya saben: esa cabina donde se hacen fotos para credencial, que suelen salir en tira, y en la que todos hemos hecho el tonto alguna vez. Sin embargo, en las bodas el *photobooth* no se plantea como una cabina de fotos.

Por otra parte, no hay que confundirlo con el *photocall*, concepto que proviene de los eventos donde asisten *celebrities* y posan para las cámaras de los medios con un *display* o mural de fondo en el que están impresos los logos de las empresas patrocinadoras. El *photocall* también se puede incorporar a una boda, pero entonces lo recomendable quizá sea colocarlo a la entrada del aperitivo para que los invitados se puedan hacer fotos en grupo o con los novios, a su llegada. Sin embargo, ¡el *photobooth* nos parece mucho más divertido!

Para crear un *photobooth* solo se necesitan cuatro cosas:

- Un fondo.
- Unos complementos.
- Una cámara de fotos.
- ¡Invitados dispuestos a pasárselo en grande y darlo todo!

En primer lugar, les recomendamos que estudien el espacio donde lo van a ubicar. Debe ser un sitio que quede a la vista, que esté cerca o en el mismo espacio del baile o del coctel y que esté bien iluminado. Para que nadie se lo pierda, pueden emplear un cartel o señal.

En cuanto al fondo, hay múltiples opciones. La más sencilla, y quizá la más usada, consiste en colocar una tela estampada o lisa. ¡Ojo! Tienen que saber cómo van a hacerlo, pues no siempre es fácil. Algunos fotógrafos ofrecen este servicio, y es muy cómodo porque así no tendrán que preocuparse de esta cuestión logística.

Otra alternativa es buscar una pared bonita y colgar en ella unos pompones, banderines o algún cartel, de tal forma que delimiten el espacio del *photobooth* a la vez que sirvan para decorarlo.

Más complicado, por la logística y el transporte, pero con un resultado espectacular, es usar muebles y crear un pequeño decorado. Por ejemplo, una sala de estar con un sofá, una mesita, un perchero y algunos marcos de fotos. Las ventanas también dan mucho juego en los decorados para el *photobooth*.

Como complementos, lo más fácil y barato —y que siempre triunfa— son los anteojos, los bigotes y los labios, que incluso pueden hacer ustedes mismos usando una plantilla. Los materiales más utilizados son el foamy o el fieltro. También pueden comprar disfraces y decorados para la ocasión. Les recomendamos que coloquen los complementos en una mesita al lado del decorado, para que no pasen desapercibidos (otra oportunidad de añadir un punto de decoración a la boda tipo bodegón). Los pizarrones para que los invitados escriban un mensaje o los carteles con frases divertidas para que la gente los sujete mientras posa son un accesorio que gusta mucho.

En cuanto a la cámara, hay varias opciones:

- Que las fotos las haga su fotógrafo profesional (no todos están dispuestos a ofrecer este servicio, consúltenlo).
- Que sean los propios invitados quienes saquen las fotos con sus cámaras (o *smartphones*).
- Usar un sistema de disparo a distancia. Sin duda, ¡la más divertida! Se monta una cámara sobre un trípode y con un mando a distancia los invitados pueden hacerse ellos mismos las fotos. Si además incluyen en el kit una pantalla para que puedan verse mientras disparan, la diversión está asegurada.
- Emplear una cámara tipo Polaroid. Sus invitados también se lo pasarán genial con esta opción y además podrán conservar el recuerdo para siempre, pero piensen que tendrán que comprar numerosos rollos y que muchas de las fotos no saldrán bien.

¡Vamos, queremos ver su mejor sonrisa!

EL RINCÓN DE FIRMAS

Es cada vez más usual en las bodas que los invitados se encuentren con un libro de firmas donde dejar sus mejores deseos o frases divertidas para los novios.

Su objetivo es que los novios puedan conservar un bonito recuerdo de sus invitados, pero si además lo hacen de una forma especial el libro tendrá aún más significado.

En este apartado vamos a ver algunas ideas para crear un rincón de firmas original.

LIBRO O ÁLBUM

Esta es una de las opciones más vistas, pero lo que les proponemos es que personalicen el álbum, y no solo con sus nombres y la fecha de la boda. Hoy en día existen muchísimas técnicas para hacer decoraciones geniales de una forma sencilla, como el *scrapbook*. Pueden decorar las portadas del álbum y también las hojas interiores mediante esta técnica. Y si no se les dan bien las manualidades, siempre pueden encargar su libro a alguna empresa o *crafter* que se dedique a ello.

El formato libro o álbum permite varias opciones para los invitados. La más simple es que dejen un mensaje escrito: lo que hemos visto toda la vida. Además, pueden poner junto al libro unos pegotes, *washi tape* o cosas de este tipo para que decoren la página de su dedicatoria. Pero, ¿y si aparte del mensaje los invitados pudieran pegar una foto suya hecha con una Polaroid? Solo tendrán que dejar una cámara al lado del libro de firmas y ellos harán el resto. Es una de nuestras opciones favoritas, y a los invitados les encanta.

ÁRBOL DE HUELLAS

Esta idea puede ser también divertida. Se trata de crear un póster con una ilustración de un árbol, pero solo dibujando el tronco y las ramas. Al lado del póster, deben colocar un cojinete con tinta de uno o varios colores y toallitas húmedas para limpiar los restos de tinta en los dedos. De esta forma, los invitados irán creando con sus huellas las hojas de este árbol. Y lo aconsejable es que escriban su nombre (o una frase) al lado de la huella, de tal forma que después puedan identificarlos. Cuando termine la boda, pueden enmarcar la lámina y colgarla en una pared de su casa.

FICHERO DE RECUERDOS

Se trata de crear pequeñas fichas de cartulina y decorarlas. Los invitados tendrán que tomar una de ellas, escribir su mensaje y guardarla en una caja o, todavía más original, en una jaula o una maleta pequeña.

MÁQUINA DE ESCRIBIR

Si tienen una máquina de escribir, la pueden rescatar con este objetivo. Eso sí, tendrán que mandarla a servicio para que el día de la boda funcione a la perfección. Si la máquina no está lista para ser usada, pueden emplearla como elemento decorativo.

CUESTIONARIO

Una variante del libro de firmas y del fichero de recuerdos. Consiste en crear unas fichas con un cuestionario con preguntas cerradas para que sus invitados las respondan: «¿Cómo conociste a los novios?», «¿Qué es lo que más te ha gustado de la boda?», «¿Qué quieres desearles a los novios?», etc. Hay mucha gente a la que le cuesta inspirarse, y de esta forma podrá ir al grano y le será más fácil dejarles un mensaje.

ÁRBOL DE LOS DESEOS

Esta idea les servirá también para decorar un rincón de la boda. Hablamos de usar un árbol de verdad o ficticio y preparar una mesa con tarjetas con cuerdecita o cinta y plumas. De esta manera, los invitados tomarán una tarjeta, escribirán su mensaje y colgarán su deseo del árbol. En la zona del coctel quizá encuentren un árbol bonito que pueda cumplir esta función.

ALGUNOS CONSEJOS GENERALES

- Un buen momento para las firmas es la hora del aperitivo, cuando el ambiente es bastante distendido y los invitados platican los unos con los otros, o el baile, si colocamos la mesa de firmas al lado de otro elemento que destaque, por ejemplo el *photobooth*.
- Recuerden que el lugar donde se encuentre tiene que ser visible y estar bien indicado, para que los invitados sepan que les gustaría que les dejarán allí un mensaje.
- Si la boda es de noche, procuren que haya buena iluminación en esa zona, para que puedan escribir sin problemas.
- Y que no falte una buena provisión de plumas, rotuladores o lo que hayan dispuesto para que escriban.

Ya verán qué risas y qué lagrimitas de emoción el día después de la boda leyendo todos los mensajes de sus invitados.

AMENITIES EN LOS BAÑOS

Un detalle hacia sus invitados es que en los baños tengan a su disposición algunos productos de belleza e higiene. La idea viene de los *amenities* que encontramos como cortesía en los baños de los hoteles. Ya verán cómo les dan uso, sobre todo las chicas, que según cuenta la leyenda urbana pasan mucho tiempo arreglándose en el baño.

Piensen en cosas útiles: un desodorante tipo espray, una colonia fresquita, seguros, pasadores, un minikit de costura, lima de uñas, un peine, un bote de espray, productos de higiene femenina, cera de peinado para ellos, toallitas limpiadoras para los lentes, toallitas quitamanchas, tiritas, esponjitas para el calzado, caramelos refrescantes o chicles.

Si quieren tener un detalle coqueto con sus invitadas, añadan un rubor y una brocha, algún juego de sombra de ojos y pincelitos desechables, rímel y labiales. ¡Y ya tienen una minibarra de retoque de maquillaje para que sus invitadas sean las más guapas de la fiesta!

Además, pueden colocar un cartel gracioso, siguiendo la misma línea gráfica de la boda, donde se anime a los invitados a usar los productos. No hay duda de que les chiflará.

Les daremos ahora unos pequeños trucos que creemos que pueden servirles de ayuda a la hora de abordar la decoración de una boda. Tomen nota:

- **Los bodegones, el gran acierto.** ¿Recuerdan cuando hablábamos de que en espacios exteriores interesaba trabajar con bodegones para concentrar los puntos de decoración y no desviar la atención de los invitados? Busquen los lugares más adecuados para ubicar la zona de bienvenida en la ceremonia, el *seating plan* (cerca del salón o zona del banquete, en un lugar espacioso para que puedan consultarlo los comensales), la mesa del libro de firmas o el *photobooth* y poténcienlos con los elementos y las flores que necesiten. ¡Éxito asegurado!

- **No pretendan hacer cosas que no estén a su alcance.** No merece la pena. Nunca pierdan de vista hasta dónde pueden llegar, en todos los aspectos.

- **Usen sus propios recursos.** Investiguen qué pueden aportar ustedes mismos o sus familias a la decoración de la boda. Quizá haya en casa piezas que les den juego, por su valor sentimental y estético. Es sorprendente la cantidad de tesoros que guardamos a veces en las alacenas, clósets...

- **Aprovechen los recursos del lugar donde se celebra la boda.** Puede ser que en el sitio donde hagan el banquete tengan una preciosa mesa de madera que no usan y que a ustedes les viene fenomenal para montar un bodegón con fotos de su familia. Pídanla prestada. O quizá haya un viejo portal de madera que con una guirnalda de lado a lado se puede convertir en el fondo de un *photobooth*. Echen un vistazo a su alrededor; seguro que pueden aprovechar cosas que no cuestan nada y que van a darle un toque especial a la decoración.

- **Reinventar los clásicos funciona.** Por ejemplo, como ya hemos visto, los libros de firmas han variado su aspecto y su forma y se han convertido en un elemento más dinámico y divertido. Darle otro aire a un elemento clásico siempre es interesante.

- **Recuerden la importancia de la iluminación.** De nada sirve un jardín o un salón exquisitamente decorado si no está iluminado de la manera adecuada; el efecto buscado se perderá en la oscuridad.

- **Cuando usen velas, colóquenlas en grupos para potenciar el efecto**, ¡y no utilicen tres o cuatro, sean generosos! Para conseguir un ambiente cálido o romántico necesitarán un buen número de ellas. Lo mismo ocurre con los pompones de seda, los farolillos, las lámparas de papel... Si quieren darle un efecto realmente espectacular a una determinada zona, necesitarán bastantes unidades; hay materiales que solo quedan bien si se usan en grandes cantidades.

- **Si van a emplear telas y materiales textiles, intenten que no sean demasiado rígidos** para facilitar su manejo y colocación. ¡Y cuidado con las antiestéticas arrugas!

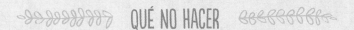

QUÉ NO HACER

Las chicas seguro que conocen esas secciones «Ahhrg!» de algunas revistas en las que nos enseñan cosas que no gustan nada. Esta parte es un poco eso: un resumen de lo que creemos que no hay que hacer. Pero, recuerden, ¡solo son opiniones personales!

- **No a las bodas «copiar y pegar».** Si han ido a la boda de su prima y han visto algo que les ha encantado, ¡no lo copien! Desarrollen su propia idea, reinventen esa que tanto les ha gustado. Lo original deja de serlo cuando la masa lo hace suyo... Y queríamos tener un bodón, no una fotocopia de boda, ¿verdad?

- **No a los popurrís de estilos, de colores, de temas.** «Pastiche», «coctel», llámenlo como quieran, pero ya saben a qué nos referimos: coger un poco de aquí y otro poco de allá y mezclarlo sin criterio. Nos gusta la decoración entre heterogénea y ecléctica, pero, ¡siempre con buen gusto!

- **Nada de irse a esa gran tienda sueca de decoración y llenar el carro para decorar toda la boda.** Y que conste que a nosotros nos encanta esa gran tienda sueca y compramos allí muchas cosas para nuestras bodas, pero hay objetos muy reconocibles que por sí solos no dicen nada, y combinarlos exclusivamente con otros artículos de ese establecimiento y nada más no creemos que sea un acierto. Su boda se convertiría en una exposición más de las que hay en la gran tienda sueca. Y no tendría personalidad. Tienen que darle su toque.

- **Las flores están vivas, así que mucho cuidado con dejarlas al sol antes de la boda,** durante horas y horas. Craso error, porque se deshidratarán y el calor acabará con ellas antes de la ceremonia, el coctel y el banquete. Y no hay nada más triste que unas flores marchitas en una boda, ¡donde todo tiene que relucir y estar precioso!

Durante la boda

COSAS IMPORTANTES QUE NADIE TE DICE PERO QUE NO HAY QUE OLVIDAR

Los días previos

Parecía que quedaba un siglo cuando decidieron darse el «sí, quiero», pero ya están, como suele decirse, «en capilla» y han hecho y vivido tantas cosas en este tiempo que casi ni recuerdan el momento en el que todo esto empezó. Por lo menos, por lo menos, han pasado un par de estaciones. Se comprometieron cuando aún llevaban suéter y bufanda y ya han sacado las camisetas de manga corta del clóset. Cómo ha cambiado la foto de esos días a ahora, ¿verdad?

Antes de empezar a hablar de lo genial que va a ser el día B, ¿qué les parece si vemos algunas cosas que pueden hacer unos días antes de la boda para desconectar un poco del estrés de la recta final? Tomen nota y seguro que, como mínimo, se llevarán un besazo de regalo por tener el detalle de preparar una sorpresa a su pareja:

- **Una cena solos.** En su restaurante preferido, o en casa. Sin prisas, con un buen vino por delante y muchas ganas de disfrutar el uno del otro. Si echan la vista atrás y recuerdan todas las anécdotas que han vivido durante los preparativos, las risas están más que aseguradas.

- **Escapada exprés el último fin de semana de solteros.** Cualquier destino cercano sirve; se trata simplemente de una excusa para vivir una miniluna de miel por adelantado.

- ***Spa* para dos.** Un masaje relajante, algún tratamiento corporal...; mimos y cuidados que a todos nos gustan. Y si es juntos mucho mejor, ¿no?

- ***Tour remember.*** ¿Han pensado alguna vez en volver al lugar de su primera cita, del primer beso? Regresar a ese sitio que es solo suyo, que fue cómplice del comienzo de su historia, seguro que les trae muy buenos recuerdos.

- **Plan con amigos.** Ellos son los que han estado allí desde hace años, los que han escuchado las confesiones de su relación, los que les han echado una mano cuando los han necesitado. Estaría genial que se reunieran con ellos para pasar unas horas juntos. Será el preludio del fiestón de la boda. ¡Van a pasarlo en grande!

A solo unas horas del día B

Bueno, ahora sí que sí, ¡ya está todo listo! Solo queda dormir esta noche, y mañana, cuando suene el despertador, ¡¡¡tachán!!!, todo el trabajo de estos meses se verá al fin materializado. Han invertido mucho tiempo preparándose para este día, así que no olviden que a fin de estar al cien por cien es básico descansar. El día de la boda es un día largo, lleno de emociones, y se harán un gran favor si duermen la noche de antes todas las horas que puedan. Esto suena a consejo de madre, pero, de verdad, es fantástico. Hagámonos caso: el día anterior, ¡a la cama pronto!

Ya saben eso de que el desayuno es la comida más importante del día. Pues el día de la boda es más importante aún; prohibido saltárselo. Además, seguramente, la misma mañana acabarán corriendo de un lado a otro: a la peluquería, a recoger el ramo, a concretar algún detalle de última hora... Ese ajetreo les provocará una mezcla de agitación y euforia, y se les puede olvidar hasta comer. O que apenas les quede tiempo para ello. Quizá no tengan demasiado apetito, pero incluso así es esencial que coman. El calor, los nervios, la emoción les pueden provocar un bajón físico, de ahí nuestra recomendación. Sí, ya lo sabemos, nos estamos poniendo muy protectores, pero queremos que estén llenos de energía para disfrutar al máximo.

Probablemente se casarán en un mes de calor, y piensen que con los nervios hasta la sed nos puede pasar inadvertida. Vamos ya con el último consejo de madre: acuérdense de beber agua para estar bien hidratados.

Y descansen los pocos momentos libres que les queden en este día frenético. Una partida de videojuego con tu hermano, una llamada a tu mejor amiga...: cualquier cosa que los relaje y los haga sentir bien es positiva.

Todo va a ir bien

En el día de la boda llegará un momento en el que tendrán que dejarse llevar por la inercia. Han trabajado mucho y lo han hecho realmente bien; han construido todo esto para celebrar una gran fiesta con toda la gente a la que quieren. La única tarea que les queda ahora es disfrutar. DIS-FRU-TAR, en mayúsculas.

En todas las celebraciones hay alguna idea que al final no dio tiempo de llevar a cabo: algo que intentaron preparar hasta el último momento pero que, por el trabajo o la falta de tiempo, no pudo ser. La buena noticia es que solo lo saben ustedes, porque los invitados no van a echar en falta nada que ni siquiera sabían que existía. Olvídenlo. Ya no tiene solución, así que ¿para qué darle más vueltas?

Este consejo que vamos a darles es otra de esas cosas que parecen una obviedad, pero no lo es: piensen que todo va a salir bien. Se trata de algo que deben trabajar ustedes; a menudo la actitud positiva la tenemos que generar nosotros mismos. Y a veces los nervios nos traicionan. De repente nos entran dudas y miedos: a que algo salga mal, a olvidar algo importante, a que alguien se equivoque y no ejecute las instrucciones recibidas. O a que llueva, así, sin previo aviso.

Todo va a ir bien. Si es necesario, repítanlo como un mantra. Y, aunque llueva, aunque alguien olvide algo, aunque el despertador no suene a su hora y lleguen tarde a la pelu o a otra cita, pase lo que pase, solo hay una cosa importante: todo va a ir bien.

Kit de emergencia

¡Novia prevenida vale por dos! Quizá finalmente no tengas que recurrir a este kit de emergencia «bodil», pero mejor que vuelva a casa entero que echar algo de menos en el momento menos oportuno.

Nosotros, en las más de cien bodas que llevamos a nuestras espaldas, hemos lidiado con muchísimos imprevistos que hemos podido solucionar gracias a un buen kit de emergencia listo para la acción: hemos cosido botones del chaqué del novio diez minutos antes de que empezara la ceremonia, repasado el barniz de uñas a una novia porque se le había estropeado el esmalte, limpiado manchas de vino, prestado líquido de pupilentes, usado seguros y tijeras. Estas son algunas cosas que pueden venirte bien ante una emergencia. Busca un neceser y revisa esta lista unas horas antes de salir hacia la ceremonia:

- ☐ Pañuelos de papel
- ☐ Toallitas húmedas
- ☐ Set de maquillaje
- ☐ Esmalte de uñas del color que llevas
- ☐ Lima de uñas
- ☐ Protector labial
- ☐ Pinzas
- ☐ Tijeras pequeñas
- ☐ Cepillo quitapelusas
- ☐ Cepillo o peine
- ☐ Espray
- ☐ Pasadores para el pelo
- ☐ Caramelos refrescantes
- ☐ Desodorante
- ☐ Perfume
- ☐ Medias de repuesto (si llevas)
- ☐ Broches, seguros, minikit de costura
- ☐ Protector de estómago
- ☐ Algún medicamento para el dolor de cabeza
- ☐ Curitas
- ☐ Parches para callos
- ☐ Zapatos de repuesto por si te molestan los tacones
- ☐ Si usas pupilentes, unos de repuesto y líquido para limpiarlos

Y si algo no sale como esperaban...

... no pasa nada. Verlo así es invertir en tranquilidad. Después de todo lo que han trabajado para preparar la boda, después de toda la ilusión que han depositado en ella, ¿creen que vale la pena llevarse un disgusto si algo no sale como esperaban?

Seguramente la tía Enriqueta llegará tarde a la ceremonia y abrirá la puerta de la iglesia en el momento menos indicado, pero es que la tía Enriqueta es así, inoportuna ella, ya lo saben.

Y tú tal vez encargaste unos regalitos para unas amigas y pediste que hicieran el moño de una forma determinada, pero qué mala suerte que no lo han hecho del modo que tú querías. ¡Ya ves tú! No vamos a hacer un drama de esto, ¿verdad?

Y tu sobrino, que lo adoras, pero chica, es que no para, y va y en medio del coctel te pisa el vestido y te lo mancha. Es que este niño no se está quieto, cómo no te iba a pisar...

Supongo que coincidirán con nosotros en que la perfección no existe, y tampoco la buscaban. Por la ley de Murphy, porque los astros se alinearon o simplemente porque tenía que ser así, algo no saldrá como habían previsto. Y solo de ustedes depende que los afecte y les agríe el día o no.

Olvídense de todo esto, de los malos pensamientos en general. ¿Saben qué? Que si algo tiene que fallar, fallará, pero no pasa nada. Hay que relativizar este tipo de cosas, porque hay algo mucho más importante que todos estos detalles. ¿Por qué han decidido casarse? A esta pregunta pueden darse varias respuestas, pero al final se resumen en una sola: porque se quieren. Pues eso es lo único que no deben perder de vista.

Va a ser un gran día, estamos seguros. ¡Disfruten de cada minuto! Porque es cierto que el día de la boda es mucho más corto de lo que nos gustaría. Prepárense para sentir el cosquilleo en la barriga, las ganas de reír y de llorar, la emoción a flor de piel, la felicidad a punto de explotarles en el pecho...

Rían, salten, bailen, besen, disfruten, canten, coman, lloren y amen tanto como puedan.

¡Feliz boda, chicos!

Después de la boda

EL DULCE FINAL

Cruda de la buena...

Ya ha pasado todo, ¡qué gran día han vivido! ¡Felicidades, pareja!

Se despiertan juntos. Seguramente estarán muy cansados (muy, muy cansados), pero inmensamente felices. La felicidad que sienten no cabe en esa habitación. Y no, no ha sido un sueño. Se miran, se abrazan y todo lo que vivieron ayer vuelve a su cabeza en forma de fotogramas de una película: la llegada a la ceremonia, el beso tras el «sí, acepto», el primer baile, ese regalo que los hizo llorar, las risas con los amigos... Finalmente se levantan y desayunan con calma mientras comentan todos los mensajes y WhatsApps que no dejan de llegarles. Felicitaciones y agradecimientos. Todos han disfrutado, han sentido que estaban en una boda especial, que los han consentido, que tuvieron cantidad de detalles con ellos, que la fiesta fue genial... ¡Ha sido «el bodón»! Todos sus esfuerzos han valido la pena y les damos la enhorabuena por ello.

Y esta curiosa sensación que sienten, ¿qué es? ¿Qué es esta mezcla de euforia, satisfacción, ganas de llorar no-sabes-si-de-alegría-o-de-emoción y esa sensación como de nostalgia? Dicho de forma resumida: están en «la nube». Nosotros lo llamamos así. Es la forma más

dulce de empezar este primer capítulo de su vida como marido y mujer. Es la sensación de haber cumplido un sueño, de haber tenido la capacidad para hacer realidad la boda que querían, con su gente, a su manera, con su amor. Su objetivo ahora es permanecer en ella tanto tiempo como les sea posible: saboreen este momento porque es realmente delicioso.

Por delante, la luna de miel: unos cuantos días de viaje, de descubrir otras culturas, nuevas comidas, paisajes increíbles... Por fin van a conocer esas ciudades que solo habían visto en las pelis o en fotos; vivirán un montón de experiencias, será toda una aventura. Hayan elegido un destino cercano o un país a miles de kilómetros, sea como sea, va a ser un viaje inolvidable.

Qué ganas, ¿verdad? Pues no es por quitarles la ilusión, pero les recordamos que también les esperan horas y horas sentados en los estrechos asientos de un avión, de trasiego de maletas, de trayectos de metro, tren, autobús o coche... ¡Ojo! Todo esto vale la pena; de hecho, forma parte de la diversión. Eso sí: van a necesitar mucha energía para empezar su luna de miel. Por eso queremos darles este consejo:

Después de la boda, descansen al menos un día antes de empezar el viaje.

Sin embargo, es posible que no puedan permitirse ese lujo: «Es que nuestro viaje está milimetrado para poder aprovechar hasta el último día de permiso que nos dan en el trabajo», o «Es que si tomábamos este vuelo en concreto nos ahorrábamos una buena lana». Bueno, en tal caso, no pasa nada, pero siempre que sea posible planifiquen la luna de miel con un día de descanso tras la boda porque disfrutarán mucho más de la experiencia. Ese primer día deberían estar inmersos en «la nube», disfrutando el uno del otro, recibiendo mensajes y llamadas y comentando con amigos y familiares «las mejores jugadas» de la boda. Además, acaban de vivir emociones muy intensas, y eso es agotador. Si descansan y duermen bien, comen sano después de los excesos de ayer y, sobre todo, no tienen que preocuparse de horarios y traslados, podrán recuperar las energías necesarias para empezar su luna de miel con las pilas bien cargadas.

Chicos, ha sido un largo camino pero muy gratificante. Empezamos este libro con el propósito de hacer la boda que querrán y de disfrutar del proceso y del gran día. ¡Y lo han conseguido! Estamos felices por haberlos ayudado y haberlo compartido con ustedes.

¡Vivan los novios!
¡Vivan!

Tutoriales DIY

CÓMO HACER USTEDES MISMOS COSAS MONÍSIMAS PARA SU BODA

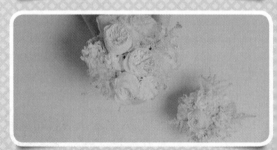

A nosotros nos gusta la diamantina y los moños más que a un niño una pelota, así que no podía faltar en este libro un lugar donde enseñarles cómo poner en práctica algunas de esas manualidades que tanto usamos en nuestras bodas, para que puedan echar mano de ellas si les apetece apuntarse a la corriente *Do It Yourself* (DIY).

Esta tendencia, cuyo nombre significa «hazlo tú mismo», recoge todas aquellas manualidades que podemos autoproducir en casa, ahorrándonos algún dinerillo, entreteniéndonos y dando un plus de creatividad a esos objetos. Desde hace unos años está de moda, y en las bodas aporta un toque muy personal porque tiene ese aire de hecho-a-mano-con-cariño que encanta a nuestros invitados. No se trata solo de una alternativa para bodas con presupuestos más reducidos; es ideal también para las parejas que quieren personalizar al máximo los detalles o dar rienda suelta a su creatividad.

Todas las bodas, sean del estilo que sean, admiten algún elemento hecho por ustedes mismos. Incluso las hay que están hechas de arriba abajo por los novios. Cada vez son más las parejas que se apuntan a esta tendencia, sobre todo las novias. Muchas de ellas, durante la preparación de su boda, se dan cuenta de que son más hábiles y estilosas de lo que pensaban, y, oye, descubrir este tipo de cosas de uno mismo siempre gusta.

El resultado es encantador y hace que los objetos cobren un sentido especial, pero hay que saber marcarse un límite y entender que es un ejercicio al que habrá que dedicar horas y energía. La semana anterior a la boda no deberían sufrir el estrés de que no llegan a todo porque aún quedan manualidades que terminar para la decoración. La clave para que esto no ocurra es planificar bien todo lo que quieran preparar ustedes mismos, y no se comprometan a hacer cosas que no van a poder hacer. No todos somos igual de hábiles ni siempre vale la pena hacer las cosas nosotros mismos: si las manualidades se plantean para ahorrar algo de dinero, piensen que en algunas ocasiones se gasta más en los materiales que comprando esos artículos ya hechos.

Un consejo: apóyense en otras personas y pidan ayuda. Seguro que hay amigos y familiares a los que les hará mucha ilusión echarles una mano en la preparación de estos objetos, y servirá como excusa para pasar algo más de tiempo juntos. Al final, compartir estos momentos de preparativos es lo que hace especial una boda.

Hemos preparado con nuestras «manitas» una selección de diez tutoriales con sus «paso a paso» para que puedan crear algunos artículos ustedes mismos. Son viejos clásicos que tal vez hayan visto en internet alguna vez, pero los hemos elegido porque nos parecen opciones sencillas, frescas y divertidas. Esperamos que les gusten y que saquen al artista que llevan dentro. Redoble de tambores... ¡Aquí están nuestros DIY!

Lanzador de confeti
— PARA CUANDO ACABE LA CEREMONIA —

Para crear este lanzador de confeti, hemos elegido materiales metalizados y brillantes a fin de darle un efecto muy festivo. Pueden usar cualquier cosa que brille: desde lentejuelas hasta confeti metalizado, pasando por la diamantina. Cuando terminen el tutorial, si se animan a probarlo, háganlo fuera de casa, ¡a no ser que quieran poner el suelo hecho un asco!

Les proponemos que lo repartan en la ceremonia para que se lo lancen como confeti (en tal caso, les aconsejamos que no incluyan diamantina), o que lo dejen encima de la mesa para usarlo en la fiesta y así llenar su boda de magia. ¡Una fiesta sin confeti no es una fiesta!

MATERIALES

Papel metalizado / Probetas / Tijeras / Lentejuelas /
Diamantina en forma de estrellas / Etiquetas /
Abecedario de sellos de estampar / Tinta para sellos

1 Recortamos el papel metalizado en piezas pequeñas, rectangulares o cuadradas. Si lo cortan en tiras y luego las ponen unas encima de las otras, podrán recortar varias a la vez y terminarán antes. Pueden hacer las combinaciones de colores que más les gusten.

2 Rellenamos la probeta con diamantina en forma de estrellitas.

3 Combinamos la diamantina con los trozos de papel que hemos recortado y hacemos que se mezclen bien. Vamos alternando ambos materiales hasta llenar la probeta.

4 Ahora solo nos queda hacer las etiquetas. Lo más sencillo es marcarlas con lápiz y recortarlas. Para hacer la forma, primero dibujamos un rectángulo y luego, en uno de los extremos, dibujamos las dos puntas, trazando dos líneas hacia dentro de forma que se unan en un mismo punto. En las etiquetas pueden estampar sus iniciales con sellos para conseguir un toque personalizado.

5 Cuando tenemos las etiquetas terminadas, las atamos a la probeta con un cordel. Nosotros hemos usado Baker's Twine dorado, muy apropiado para la ocasión. Cerramos con un pequeño moño y ya tenemos nuestras probetas listas para ser usadas. ¡Vivan los novios!

Número de mesa

– EN BASTIDOR –

Hay muchas formas de indicar qué número corresponde a cada mesa del banquete. Aquí les dejamos una idea sencilla que aportará un toque muy original a la decoración. Los bastidores están de moda y hemos preparado este tutorial para introducirlos como elemento decorativo pero también funcional. Podemos integrarlos en la estética de nuestra boda usando telas de un estilo adecuado al que necesitemos. La tela puede ser diferente para cada bastidor o la misma para todas las mesas, ¡ustedes eligen!

MATERIALES

Bastidor de bordado / Números (también pueden hacerlos ustedes; por ejemplo, de fieltro) / Telas bonitas / Tijeras de zigzag

1 Recortamos la tela a la medida adecuada para el bastidor. Aflojamos la tuerca que llevan los bastidores en la parte superior y separamos ambas partes. A continuación colocamos la que no tiene tuerca debajo de la tela.

2 Ponemos la otra parte del bastidor (la que tiene tuerca) por encima de la tela, presionando para que encaje bien. Si el estampado es direccional, comprueben que esté bien orientado; hay estampados que no quedan bonitos si no están en la dirección adecuada. Apretamos la tuerca para que la tela quede bien sujeta.

3 Giramos el bastidor y recortamos la tela por el borde con unas tijeras de zigzag para que no se deshilache. Asegúrense antes de que la tela esté bien colocada y bien tensa para que no queden arrugas y para que no sobresalga por la parte trasera del bastidor cuando esté en la mesa.

4 Colocamos el número y lo pegamos. En este caso, hemos usado unos números que ya llevan cola por la parte trasera; pero, si no los consiguen, pueden pegarlos con un pegamento especial para tela. El número debe quedar recto.

5 ¡Y ya lo tenemos listo! Como hemos dicho antes, pueden usar diferentes estampados o siempre el mismo. Para el número también pueden utilizar fieltro u otra tela lisa. Recuerden coser los bordes para que no se deshilache.

Detalle para los invitados

— TARRITO DE MERMELADA —

Regalar algún detalle a los invitados es una forma de agradecerles que hayan querido compartir con ustedes este día tan especial; si además está hecho a mano, el regalo cobra mucho más valor. El tutorial que les proponemos a continuación es muy sencillo; para los más atrevidos, está la opción de preparar ustedes mismos la mermelada casera. ¡Entonces sí que será un DIY en toda regla! En lugar de mermelada, pueden llenar el tarrito con exfoliante natural, almendras, miel o algún producto de la tierra que les guste mucho o que tenga un significado especial para ustedes.

MATERIALES

Tarrito de mermelada / Telas bonitas / Baker's Twine o cuerda rústica / Etiqueta personalizada / Tijeras de zigzag / Cucharita de madera

1
Tomamos la medida de la tapa del bote y cortamos círculos de tela que tengan un diámetro de unos tres o cuatro centímetros más que la tapa. Siempre es mejor hacerlo con unas tijeras de zigzag: el corte quedará más bonito y la tela no se deshilachará.

2
Colocamos la tela encima del botecito de mermelada centrándola para que no nos quede más larga de un lado que del otro.

3
Rodeamos la tela con el cordón por la parte del cuello del tarrito. Podemos darle varias vueltas para que quede bien seguro. En este caso hemos usado cinta Baker's Twine, pero con cuerda rústica de color natural (hilo pulido) también quedará muy bien.

4
Atamos la etiqueta con un lazo. Si el tarro tiene una etiqueta pegada en el cristal, asegúrense de que la etiquetita con sus nombres o iniciales quede sujeta en la parte delantera. Al tratarse de un bote pequeño, nosotros hemos usado una etiqueta sellada con un solo corazón.

5
¡Y fin! También tienen la opción de atar una cuchara de madera si la forma del bote lo permite. Ya verán como a sus invitados les dará casi hasta pena abrir el bote de lo bonito que les habrá quedado.

Minutas

— LOS MENÚS DE SU BODA —

Si las minutas que les ofrece el restaurante no se ajustan al estilo de su boda, tienen la opción de hacerlas ustedes mismos o con la ayuda de un diseñador gráfico. Si además quieren que tengan un toque DIY para que ganen protagonismo, pueden usar este tutorial.

....

MATERIALES

Menú en papel / Cartulina color *kraft* / Papel estampado
/ Pinza para papel / Guillotina / Flores

....

1 Cortamos el menú con la ayuda de la guillotina. Si no tienen guillotina, pueden usar unas tijeras, teniendo cuidado de que los cortes queden bien rectos (si tienen que hacer muchos cortes rectos les aconsejamos que compren una guillotina sencillita).

2 Cortamos la cartulina *kraft* a una medida un poco mayor que el menú para que al colocar ambas piezas se vea la cartulina. Es decir, tenemos que cortar la cartulina *kraft* de uno a dos centímetros más grande por cada lado. Tengan en cuenta el lugar que tendrán para ponerla en la mesa. Nosotros la hemos hecho de tamaño A5, para que quede espacio al colocarla encima del plato.

3 Recortamos etiquetitas en forma de banderín. Son simplemente decorativas, así que pueden cortarlas con la forma que quieran.

4 Unimos las piezas y las fijamos con la pinza para papel. Recuerden recortar el tallo de la flor de forma que no sobresalga mucho del menú; si no, puede resultar incómoda. Hay muchas flores que pueden quedar bien; solo tienen que escoger una que vaya acorde con el diseño y los colores de la minuta. La flor hay que colocarla poco antes de que empiece el banquete, ya que al no estar en agua se acabará secando.

5 Miren qué bonito y diferente queda. Es una manera de destacar la importancia del menú que degustarán ese día. Normalmente nadie se lleva los menús, pero si son así de bonitos, ¡no quedará ni uno!

Guirnalda
— DE PAPEL DE SEDA —

Este tutorial es uno de nuestros preferidos, y quizá el más complicado de los que hemos recogido en estas páginas. Pero, visto el resultado, vale la pena hacerlo. Con esta guirnalda podemos decorar cualquier rincón y hacerlo especial: desde una *candy bar* hasta un *photobooth*. Lo que está claro es que «guirnalda» es sinónimo de «fiesta» y por ello no podía faltar en este libro. ¿Preparados?

MATERIALES

Papel de seda de varios colores / Tijeras /
Baker's Twine / *Washi tape*

1 Recortamos varias tiras de papel de seda del mismo color de un tamaño similar. Si doblan el papel, recortarán más rápido y tendrán tiras de la misma medida. Hacemos lo mismo con todos los colores de papel, pero sin mezclarlos.

2 Juntamos unas cuantas tiras de un mismo color y doblamos por la mitad para ver el grosor real que tendrá el pompón. Les aconsejamos que cuenten las tiras para que les queden todos los pompones del mismo grosor.

3 Doblamos las tiras de papel de seda por encima de la cuerda de tal forma que queden dobladas en dos partes iguales.

4 Sujetando bien las tiras de papel, las rodeamos con *washi tape* por la parte más próxima a la cuerda, de forma que todo el conjunto quede bien unido. Este es el paso más complicado, pero ya verán como pronto le aprenden el modo y cada vez les costará menos.

5 Así es como tiene que quedar. El objetivo es que puedan desplazar las piezas por la cuerda y colocarlas a la distancia que les interese. ¿A que tiene un aire muy divertido?

Muñecos
— PARA EL PASTEL —

El pastel tiene mucha importancia en las bodas. Para darle ese toque tan personal que tanto nos gusta, hemos creado un *cake topper* con unas figuritas de papel que representan a los propios novios. Más personalizado, imposible.

MATERIALES

Ilustración de los novios / Cartulina color *kraft* / Abecedario de sellos de estampar / Tinta / Palillos de brocheta largos / Palillos de brocheta cortos / Tijeras / *Washi tape*

1 Pueden encargar el dibujo de los novios a un ilustrador o diseñador gráfico. Una vez que tenemos los muñequitos impresos en cartulina, los recortamos (si dejan unos milímetros en el perímetro será más fácil). En lugar de encargar la ilustración, también pueden «recortarse» de una foto.

2 Estampamos los nombres en la banderola que previamente habremos dibujado y recortado. Tienen que ir con cuidado para que los dos nombres les quepan bien y les queden centrados. Un truco: estampen primero el corazón en el centro y a partir de ahí vayan estampando las letras de cada nombre.

3 Con ayuda del *washi tape*, unimos los palillos de madera cortos a las figuras de los novios y los largos a la banderola estampada.

4 Ahora viene lo difícil, que es pinchar cada pieza en el pastel. Para que las figuritas queden bien centradas, les aconsejamos que primero pinchen la banderola. Y ya lo tenemos: un precioso *cake topper* para adornar el pastel de una forma más que original.

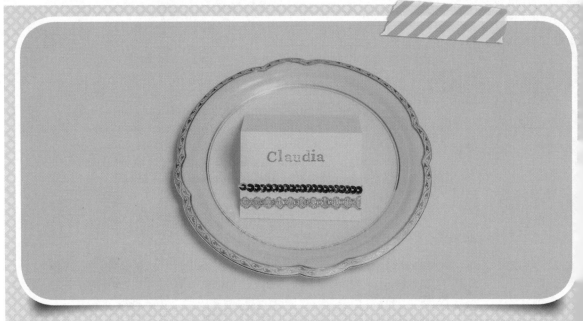

Marcasitios
— CON EL NOMBRE DE LOS INVITADOS —

Otra de las cosas que podemos personalizar son los marcasitios, es decir, los cartelitos que se colocan junto al plato (o encima de él) para indicar dónde se sienta cada invitado. Esta es nuestra propuesta; ya verán qué sencilla pero qué vistosa queda. Además de ser algo funcional, sin duda puede ser un toque especial para decorar las mesas. ¿Se animan?

MATERIALES

Cartulina blanca / Abecedario de sellos de estampar /
Tinta / Tira de lentejuelas / Cinta de pasamanería /
Pegamento

1 Recortamos la cartulina del tamaño adecuado para el marcasitio y la doblamos de tal forma que se sujete por sí sola «en pie»: lo que nosotros llamamos «la tienda de campaña». A continuación estampamos el nombre del invitado en la parte delantera. Si decidimos hacerlos con la computadora e imprimirlos, deberemos tener cuidado con la posición y la orientación del texto para que al doblar la cartulina este quede en su sitio.

2 Cortamos la tira de lentejuelas a la medida del ancho del marcasitio y aplicamos el pegamento por detrás. Es importante poner la cantidad justa de pegamento para no pasarnos ni quedarnos cortos.

3 Pegamos la cinta de forma que vaya de lado a lado de la tarjeta. Si sobresale un poco no pasa nada; luego la recortaremos para que quede perfecto. Ahora lo importante es que quede bien recta.

4 Hacemos lo mismo con la cinta de pasamanería. En realidad, podemos usar muchos otros materiales: si van a una mercería encontrarán numerosas opciones de cintas y lentejuelas. También pueden emplear diamantina, aplicando el pegamento de la misma forma en que lo haremos en el tutorial de los portavelas.

5 Recortamos el sobrante de cinta y, *voilà!*, ya tenemos nuestro marcasitio. También pueden combinar las diferentes cintas de una manera distinta en cada uno de ellos, lo que dará un toque divertido a la mesa. E incluso pueden escribir un mensaje personalizado para cada invitado en la parte interior. ¡Seguro que consiguen sorprenderlos!

Centros de mesa

— CON BOTES DE CRISTAL —

Los centros de mesa son una pieza muy importante dentro de la decoración del banquete. Podemos crear un ambiente u otro dependiendo del tipo de centro que escojamos. Hemos preparado un tutorial muy sencillo para que creen sus propios centros de mesa y con el que además podrán conseguir estilos muy distintos, según los colores y las flores que usen. Nosotros hemos elegido un estilo elegante con tonos dorados y pastel. Si les gusta reciclar cosas que tengan en casa, este es su tutorial, porque el elemento principal son botes de conserva. En lugar de reciclarlos en el contenedor, ahora pueden guardarlos para decorar su boda, que es otra manera de reciclar.

MATERIALES

Tarros de cristal / Pintura en espray / Flores

1 Para este tutorial podemos usar tarros de cristal de distintas formas y tamaños. Para quitarles la etiqueta les recomendamos ponerlos en agua muy caliente; ya verán como salen solas. También necesitaremos pintura en espray y unas bonitas flores. Nosotros hemos elegido el dorado para la pintura y rosa *austin*, astilbe y clavel blanco como flores.

2 Pintamos todos los tarros de cristal por la parte exterior, vigilando que no queden nuestras huellas marcadas. Es importante que lo hagan en un espacio bien ventilado y que cubran bien la superficie sobre la que trabajen con algún plástico o papel de periódico, ya que la pintura en espray suele manchar mucho. Usen una mascarilla para protegerse.

3 Una vez que los tarros estén bien secos, los llenamos con agua y colocamos la flor. Háganlo el día antes de la boda y calculen bien el tiempo, ya que es un trabajo meticuloso. Asegúrense de que todos los tallos estén bien sumergidos y limpios de hojas.

Y este es el resultado. ¿A que es fácil? Si tienen la opción de pintar los tarros un tiempo antes de la boda y llevárselos a su florista para que les coloque la flor, el resultado será todavía más espectacular.

Letras
— CON DIAMANTINA —

Las letras son un elemento ornamental que está muy de moda en la decoración de las bodas. Podemos poner los nombres de los novios, la palabra *love* o lo que se nos ocurra, y decorarlas de muchas formas para conseguir resultados muy diferentes. En este caso, vamos a hacerlo con diamantina.

MATERIALES

Letras de cartón / Cola blanca / Pincel / Diamantina

1 Con ayuda del pincel, extendemos cola blanca por toda la letra. Debemos tener cuidado de extenderla de manera uniforme por toda la superficie para que no queden grumos.

2 Rebozamos (¡literalmente!) la letra en diamantina. Les aconsejamos que pongan la diamantina en un platito.

3 En esta foto pueden ver cómo la diamantina queda fijada al pegamento. Si quieren quitar el exceso de diamantina, pueden hacerlo soplando suavemente, con mucho cuidado. Un truco es aplicar espray para que la diamantina sobrante también quede fijada.

4 Repetimos estos pasos con cada una de las letras. Avisamos de que es adictivo: no hay nada mejor que la diamantina para dar un aire festivo a cualquier objeto.

Portavelas
— DE DIAMANTINA —

¿Ya se han convencido de que nos encanta la diamantina? Con este tutorial tan brillante no quedarán dudas. Las velas dan un toque muy cálido a cualquier rincón, y si las combinamos con diamantina la magia está más que asegurada. Adaptando el tutorial de los botes de cristal para los centros de mesa, vamos a crear unos bonitos portavelas, que pueden acompañar a la decoración de la mesa o de cualquier otro lugar. Si comen yogures en envases de cristal, este tamaño es perfecto. También pueden usar vasos. ¡Allá vamos!

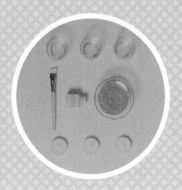

MATERIALES

Tarritos de cristal / Pincel / Pegamento blanco / Diamantina

1 Aplicamos el pegamento blanco con ayuda del pincel. Si queremos que la diamantina acabe con un corte recto, podemos poner alrededor del tarro masking tape (o *washi tape*) para delimitar la superficie encolada. Piensen que la diamantina quedará pegada solo donde haya pegamento, así que asegúrense de que este cubra toda la superficie.

2 Rebozamos el tarrito de cristal en diamantina. Para hacerlo de forma cómoda, les aconsejamos que echen la diamantina en un plato ligeramente hondo. Tengan cuidado de distribuirla bien para que no queden grumos.

3 Como pueden ver, la diamantina ha quedado uniforme en toda la superficie. El secreto está en la aplicación del pegamento. Recuerden que todas las irregularidades y defectos serán muy visibles cuando la vela esté encendida.

4 ¡Listo para usar! Con la diamantina pueden hacer las formas que quieran. Nosotros hemos cubierto todo el tarro, pero con masking tape pueden crear varios diseños (rayas horizontales, zigzag...) o combinar dos colores.

Inspiración en estado puro

ALGUNAS BODAS DE CUENTO
DISEÑADAS POR NOSOTROS

Aunque este libro está totalmente ilustrado con fotos de nuestros trabajos, no queríamos dejar de enseñarles algunas bodas completas diseñadas y producidas por nosotros, para que tomen nota de lo que más les guste y les pueda servir de inspiración. Tal vez sea una paleta cromática, un objeto, el vestido de la novia, o esas flores tan lindas. Bodas de verdad, de novios como ustedes, que un día decidieron que querían una boda bonita y feliz, y nos eligieron como sus *wedding planners and designers*. Bodas hechas aquí, cerquita quizá de donde viven ustedes, con protagonistas con nombre propio.

Esperamos que disfruten con ellas tanto como lo hacemos nosotros cada vez que vemos sus fotos.

¡Vamos, que los esperan unas cuantas páginas llenas de cosas que les van a encantar!

Una boda con inspiración *vintage*

Una bodega de 1842. El mes de julio en todo su esplendor. Una boda romántica y especial, con sabor a mercadillo francés de antigüedades y a atardecer entre viñas. ¿Vienen?

Carmen y Daniel son unos apasionados de los viajes y del estilo *vintage*. El lugar elegido para la boda, las Bodegas Lalanne, en la región del Somontano (Huesca), nos ayudó a conseguir esa sensación de vuelta al pasado que buscábamos.

La paleta de color

El look de la novia

Carmen quería ser fiel a su estilo, llevar el pelo suelto y que los complementos no perdieran importancia. Con un vestido diseñado a medida, consiguió el toque *vintage* con una gran pieza de pedrería en el fajín del vestido y un tocado con tul y plumas. Unas sandalias (¡con taconazo!) en charol *nude* y un romántico ramo acababan de dar forma a su *outfit*.

¡Copia esta idea! Un camafeo sujeto a la empuñadura de puntilla en el ramo para darle un aire *vintage* y especial.

La ceremonia

Se celebró en el interior de la bodega, entre cubas y barricas. Un lugar original para dar el «sí, acepto», ¿verdad?

La decoración

La paleta cromática de esta boda tenía el rojo y el turquesa como colores principales. Entre las flores, diferentes tipos de rosas, alstroemeria, hortensia, eustoma y lisianthus, en botes de cristal decorados con cintas de raso, entredós y puntilla.

Buscando piezas para la decoración visitamos bazares y tiendas de antigüedades, ¡y encontramos auténticos tesoros! Las familias de los novios guardaban muchos objetos que nos sirvieron también para dar ese toque *vintage* auténtico que solo tienen las cosas de antaño: una máquina de coser Singer, cámaras de fotos, planchas de carbón, molinillos de café…

¡Copia esta idea! Para identificar cada mesa del banquete, una botella de vino de la bodega con el número de la mesa pinchado en el corcho.

¡Copia esta idea! Una máquina de coser antigua como mesa de los recuerdos, con fotos de otra época de los familiares.

Detalles: El diseño gráfico de toda la tarjetería de la boda estaba inspirado en viajes con una estética *vintage*.

El *seating plan* se ubicó en un porche. Dentro de una maleta antigua colocamos la lista de invitados por mesas. Esa zona se decoró con otras maletas y baúles, haciendo un guiño a la inspiración de viajes *vintage*. Usamos además otros elementos antiguos, como un radio y libros de viajes.

Para que los invitados dejaran un mensaje a los novios, personalizamos un viejo archivador de oficina con elementos de *scrapbooking* y adjuntamos tarjetas decoradas con sellos de estampar con motivos de viajes antiguos. Una readaptación del tradicional libro de firmas.

El coctel

El *catering* trabajó con mesas temáticas de quesos y confituras, *rissotto* de setas de temporada, embutidos de la región... Todo decorado con un toque provenzal y manteles de Toile de Jouy.

La mesa de dulces

Una deliciosa mesa de dulces y repostería decorada con globos aeroestáticos, algodones, corazones… Con el corte de un enorme pastel *fondant*, los novios inauguraron la *candy bar* y el baile. Como cantaba Sinatra: «Come, fly with me!»

Una boda
rústico-chic

La paleta de color

Una masía catalana con más de trescientos años de historia, L'Avellana Mas d'en Cabre, en plena naturaleza, rodeada de avellanos, donde el blanco de la fachada se rompe por el color de la piedra y el azul mediterráneo de puertas y ventanas: el marco perfecto para celebrar una boda al aire libre. Sin embargo, ¡esa semana no dejó de llover en Tarragona! Esto es lo único que no pueden controlar cuando fijan la fecha de una boda. Pero ¿saben qué? No pasa nada. Susi y Alfonso planificaron todo con la mayor ilusión del mundo, y no iba a ser la lluvia la que impidiera que su boda fuera maravillosa. Un par de paraguas, botas de agua, un plan B perfecto y al mal tiempo buena cara. Ya conocen el dicho popular: novia mojada, ¡novia afortunada!

Susi nació en Suiza, y su familia materna vive allí. Es una enamorada de su país, de su cultura, y quisimos que esas raíces estuvieran presentes de alguna forma en la estética de la boda.

La ceremonia

Trasladamos la celebración de la ceremonia de su ubicación inicial al aire libre al interior de la masía, concretamente a la antigua zona por donde entraban los carruajes, que hoy en día es un *hall* y hace de recibidor de las diferentes plantas. Como asientos, usamos balas de paja con retazos de telas de diferentes estampados. Una mesa antigua de los propietarios de la casa y un banco de madera fueron los elementos principales para enmarcar la ceremonia, que decoramos con flores y velas, para dar un toque de calidez. El espacio se convirtió en un rincón íntimo con mucho encanto. ¡El plan B era tan bonito como el A!

La decoración

La masía tiene un precioso salón acristalado con unas espectaculares vistas a la naturaleza. Solo necesitábamos trasladar a esa sala la sensación de campo suizo que Susi deseaba. Elegimos unos manteles rosa claro, y decoramos las mesas con frascos y botellas con flores de color rosa y amarillo mezcladas con ramas de hojas verdes: rosas, craspedias, solidago, verónica, boj, eucalipto... Usamos piezas de madera para dar altura a los frascos y para sujetar las tarjetas con los números de mesa. Toda la tarjetería de la boda tenía el mismo diseño que las invitaciones, con un toque campestre y naíf.

Convertimos la mesa de los novios en un gran bodegón: usamos fruta, velas, piezas de madera, tapetes a gancho, libros de Suiza que Susi guardaba y muchas flores y ramas de hojas verdes.

A los invitados les encantó el libro de firmas que preparamos, personalizado con material de *scrapbooking*, como pegotes con forma de etiquetas de quesos suizos. Incluimos una cámara Polaroid con la que podían hacerse fotos y pegarlas en el álbum tras escribir una dedicatoria a los novios.

Al acabar la ceremonia, y mientras los invitados disfrutaban del coctel, los novios se atrevieron a salir al exterior de la masía y hacerse fotos bajo la lluvia, con botas de agua y paraguas en mano. ¿Quién dijo miedo?

Hazte una FOTO y déjanos un MENSAJE en nuestro LIBRO de FIRMAS

¡Copia esta idea! Usamos un escritorio que había en la casa para hacer las funciones de mesa de los regalos para los invitados, que eran botellas de licor de hierbas y mermeladas caseras hechas en Suiza por los abuelos de la novia, a las que nosotros añadimos unas telas de estampado floral y de vichy de colores, y una tarjeta con el sello de las iniciales de los novios. De este modo, los invitados podían acercarse a la mesa y elegir su regalo. ¡Esta idea siempre gusta!

La mesa de postres

El *catering* montó una larga mesa de postres variados a modo de bufé, con porciones de pasteles, fresas con chocolate, *coulants*, brochetas de frutas, trufas... ¡Una delicia!

Detalles: Los detalles hechos a mano siempre resultan encantadores. Encargamos a varios *crafters* unos animalitos de *amigurumi* para regalar a los padres de los novios, los muñecos del pastel y, como portaanillos, un bastidor cosido a mano con los nombres y la fecha de la boda bordados a mano, con un corazón donde sujetar los anillos.

Una boda
romántica

*I*maginen: una ceremonia en un enorme invernadero acristalado; sillas doradas estilo Napoleón, decoradas con pequeños ramilletes de paniculata; una canción al piano interpretada por el hermano de la novia y las manos de Blanca entrelazando las de Joaquín. Un nudo en la garganta, mucha emoción. Una historia de amor que se remonta a los tiempos del colegio, y tras todos esos años juntos un «sí, acepto» muy esperado y deseado. Una boda romántica y mimada en cada detalle.

Hay novias delicadas, dulces, con porte elegante, que transmiten ilusión y emoción con tan solo estar a su lado. Blanca es una de ellas. Joaquín es cariñoso, discreto; ser el centro de todas las miradas lo hace sonrojarse. Sin embargo, las ganas de disfrutar de un día tan mágico hicieron que olvidara incluso eso.

Las invitaciones

Fueron el punto de partida de la boda. Los novios nos pidieron que tuvieran una pieza especial, algo diferente que las hiciera únicas. Esa pieza fueron unas pequeñas llaves antiguas, que conseguimos en un anticuario (¡nada menos que ciento cincuenta llaves!). Las atamos con puntilla a cada una de las invitaciones y las usamos como elemento recurrente en la decoración de la boda: había llaves de hierro en el *seating plan*, en la mesa de los novios y en otros bodegones.

El look de la novia

Un precioso vestido palabra de honor, de corte evasé y delicado encaje y plumeti al que Blanca incorporó un cinturón diseñado por ella, a juego con sus pendientes y su pulsera. Los botines, de encaje y con una gran moño, le daban un toque retro a su estilismo. Para el ramo, un *bouquet* silvestre y multicolor, muy alegre.

La decoración

Trabajamos con madera y materiales eco para darle un aire natural: señales de bienvenida, números de mesa, etc., pintados a mano.

El *seating plan* era un palet cubierto con tela de gallinero, donde colgamos con pinzas las piezas de la distribución de invitados por mesas con una llave antigua y postales con fotos de los años veinte, algunas compradas en bazares y otras propiedad de la madre de la novia.

Para la decoración de los diferentes bodegones usamos reproducciones de botellas de perfumes antiguos con paniculata, craspedia y santini, libros antiguos y cuadros de *scrapbooking* con inspiración *vintage*. Como piezas destacadas y haciendo un guiño a la profesión de Blanca y de su padre (son periodistas), usamos una preciosa máquina de escribir L. C. Smith & Bros y una cámara de fotos Flexarel.

El banquete

En una casa modernista, La Casa de las Hiedras, en Zaragoza, rodeada de jardines y paredes cubiertas de hiedra, con un romántico salón de techos con artesonado de madera, lámparas de cristal de araña y maravillosos suelos de baldosa hidráulica. Todo ello potenciaba la sensación entre romántica y *vintage* que buscábamos para esta boda.

Los centros de mesa los creamos con los regalos para los invitados, que eran botellas de aceite de la tierra y macetas con diferentes plantas.

En la mesa de los novios, las llaves antiguas con las que acompañamos las invitaciones, pieza clave del diseño de esta boda, y plantitas y flores blancas en recipientes de cristal y porcelana, algunos de la familia de la novia, por el valor sentimental.

¡Copia esta idea! Preparamos pequeñas macetas de barro con plantas aromáticas que decoramos con cintas de madroños, entredós y puntilla blanca. En cada mesa, un cartel con ilustraciones de los años veinte indicaba que esos eran los regalos para los invitados.

La fiesta

El toque dulce lo dio una *candy bar* que diseñamos en tonos rosas y azules, con un aire romántico.

¡Copia esta idea!
Para las fotos en el *photobooth*, repartimos bigotes *vintage*, labios rojos y lentes tipo mariposa con los que los invitados y los novios estaban ideales.

Una boda
industrial

La paleta de color

Hasta el espacio más diáfano puede ser el escenario de una boda especial si se diseña bien. El reto: adaptar una nave industrial de 800 m² completamente vacía para que tuvieran cabida la ceremonia, el coctel-cena, el baile y hasta un pequeño escenario para un concierto en directo. «Industrial» no significa «frialdad». Prueben poner un enorme corazón iluminándolo todo y verán cómo cambia...

Sergio y Begoña no encajaban en ciertos estereotipos de las bodas. Ella no quería renunciar a su chamarra de cuero y a un vestido de color por vestirse de novia. Y él no quería dejar de tocar con su banda en su gran día. Querían huir de los lugares habituales donde se celebran bodas y hacer una fiesta a su medida. Y el lugar perfecto era La Nave.

El concepto

Creamos el concepto de La Nave para dar protagonismo al lugar y diseñamos una máquina como elemento conductor de la historia. Explicamos que allí todos los invitados tenían que trabajar en esa máquina que «fabricaba amor». Replicamos en un gran panel de madera el dibujo de la máquina y creamos una pieza con forma de corazón en el que todos los invitados tenían que enroscar una pequeña bombilla que daba luz y hacía funcionar figuradamente la máquina.

La distribución de los espacios

Separamos La Nave en varias zonas, donde tenían cabida la cocina del *catering*, la zona de la ceremonia —que se transformó posteriormente en la pista de baile—, el área de la cena, el escenario y la cabina del DJ, a la que se accedía por una escalera a la vista.

Para diferenciar los espacios, creamos paredes con montañas de palets y cajas de madera de fábrica, que se iluminaron desde el interior.

A la entrada, los invitados encontraban una mesa decorada con un reloj checador, mini-taquillas y otros elementos que aludían al concepto de fábrica, y donde tenían que buscar su placa identificativa como personal de La Nave. ¡Incluso los novios tenían la suya, que lucieron durante toda la boda!

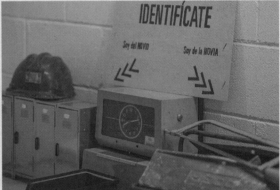

La ceremonia

Un gran corazón de focos enmarcaba la acción. A sus lados, bobinas industriales de cable, piezas de fábrica y rosas blancas, tiras de hiedra y velas, contrastando con los colores oscuros de estos elementos.

 Detalles: Como portaanillos usamos un minipalet, que era una de las piezas principales de la decoración.

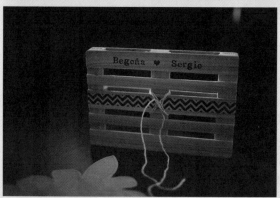

La iluminación

La Nave no tenía ningún tipo de iluminación, estaba completamente vacía. Se colgaron varias lámparas gigantes de metal que fabricó el padre de la novia, y la zona de la cena y algunas otras se decoraron con guirnaldas de bombillas, como las de las kermeses de antaño.

 ¡Copia esta idea! Para dar calidez al lugar, llenamos de velas muchos rincones: la escalera que daba acceso a la cabina del DJ, los cajones que separaban la zona del coctel, el pasillo de la ceremonia... ¡Todas las velas son pocas para conseguir este efecto tan especial!

La cena

Como no era un banquete tradicional sino un formato coctel-bufé, se montaron diferentes islas de cocina en directo y *pop-up bufetts* para que los invitados degustaran la comida a su ritmo. Para que tomaran asiento preparamos bobinas industriales de cable haciendo las veces de mesas; con ello conseguimos dar a la cena un aire ad hoc.

¡Copia esta idea! Una barra de Spritz decorada con cartelería de la marca Aperol, tuercas y tornillos. Y cucuruchos de papas fritas dentro de antiguas cajas de herramientas de metal. ¡Una forma diferente de presentar el coctel de bienvenida!

La fiesta

Durante el baile, Ducasse, la banda del novio, actuó en directo, sobre un escenario de palets y alfombras, que también decoramos con velas.

Otra de las sorpresas de la noche fue la barra de postres y dulces: una enorme mesa llena de *brownies*, donas, *whoopie pies*, *cake pops*, botecitos con *red velvet* y golosinas. ¡Un éxito absoluto!

Una boda
de invierno

La paleta de color

Si pensamos en «boda» se nos antoja verano o primavera, días largos y soleados, calorcito y buen tiempo. Pero, aunque la mayoría de las bodas se celebran en meses de calor, las de invierno tienen un encanto especial.

Gloria y Dani son fotógrafos de bodas, trabajan a diario rodeados de amor. De los pocos meses libres que les deja su profesión, febrero fue el elegido para quitarse el traje de testigos y enfundarse el de protagonistas. Pero, por muchas bodas en las que hayas trabajado, cuando te conviertes en novio todo eso se olvida, y los nervios, la emoción y las ganas de que ese sea el día más feliz de tu vida son los mismos que los del resto de las parejas. Y da igual que ahí fuera haga un frío de mil demonios o un sol de justicia. Pase lo que pase, el amor siempre es el elemento común.

Las invitaciones

Un diseño muy sencillo con un toque *craft*. Usamos sellos de estampar, tipografías sencillas y Baker's Twine para cerrar el conjunto. Acompañamos la tarjeta principal con una bolsita de confeti de copos de nieve dorados, a modo de guiño a algo que decía siempre la novia: ¡que ojalá nevara en su boda!

El lugar

En la Rioja alavesa, entre viñedos, en el hotel Marqués de Riscal, de una espectacular arquitectura firmada por Frank Gehry.

Ese día el tiempo se volvió definitivamente loco: llovió, salió el sol, vimos el arcoíris, volvió a llover y hasta granizó. A Gloria y a Dani, sin embargo, la sonrisa no se les borró ni un solo momento.

La decoración

Teníamos la excusa perfecta para utilizar elementos invernales. La paleta cromática estaba compuesta por los colores morado, blanco y dorado: el morado, por el color oscuro del vino, ya que estábamos en tierra de viñedos; el blanco, por su toque romántico y delicado, y lo que no era dorado lo convertimos rápidamente a golpe de pintura.

Para los centros de mesa y la decoración del *seating plan* usamos flor de algodón, rosa *austin*, brunia, eucalipto y hortensia, a modo de *bouquet* dentro de recipientes que pintamos en dorado. Sobre la mesa y acompañando a los recipientes de las flores, velas moradas y piñas que recogieron los novios en la montaña.

Detalles: Para los regalos de los invitados, los novios quisieron algo con significado. Dani es un gran amante del vino, y escogió para ellos una botella de las bodegas; para ellas, Gloria eligió diferentes tipos de crasas en macetas de barro que pintamos de dorado. Personalizamos los detalles con una etiqueta que llevaba estampados los sellos de la tarjetería de la boda.

La mesa de dulces

Una *candy bar* llena de dulces y golosinas para disfrutar de ella durante el baile. Usamos pequeños elementos de decoración invernales: frutos secos, calabazas pintadas en dorado, etc. Y de repostería, unos sabrosos *cupcakes*, *cake pops* y bolitas de coco.

Una boda
en el campo

La paleta de color

Él, de Turín. Ella, de Jerez. Ana y Roberto decidieron que querían un lugar especial en medio de la naturaleza para reunir a sus familias y sus amigos durante un fin de semana y celebrar la boda que siempre habían soñado. Porque cuando nos enamoramos no existen ni distancias ni idiomas que nos separen. Hablamos un lenguaje universal y «lo más lejos que quiero estar de ti es a tu lado». Italia y Andalucía unidas en una pareja, en una boda celebrada en el campo, entre bosques y prados verdes. Vengan a echar un vistazo. ¿Notan el olor de la hierba y la lavanda? ¿Oyen el susurro del viento entre los árboles? ¡Bienvenidos a la boda de Ana y Roberto!

El lugar

Can Riera, una antigua masía del Montseny, en Gerona, fue el lugar elegido porque cumplía los requisitos de los novios: una casa donde poder alojar a sus invitados durante el fin de semana, un espacio al aire libre donde celebrar la ceremonia y la sensación de libertad y privacidad que da mirar a cualquier lado y solo ver campo y montañas...

Las invitaciones

Compuestas por tres piezas, quisimos que los invitados sintieran que los esperaba una boda muy especial. Se dibujó a la parejita de novios en el camino que lleva a la masía donde se casarían y diseñamos un logotipo con sus nombres y flores. Un mapa de cómo llegar al lugar de la boda acompañaba la invitación.

¡Copia esta idea! Los tarjetones estaban envueltos en diferentes telas estampadas y todo el conjunto iba dentro de un sobre de papel *kraft* con el sello del logotipo de los novios estampado en tinta blanca. Materiales naturales y un toque *craft* para conseguir ese aire de boda campestre.

El look de la novia

Ana quería un vestido que le permitiera sentirse cómoda y, sobre todo, ser ella misma. Eligió uno de corte recto, con un espectacular escote en la espalda, mangas con caída y delicados bordados de flores. El punto sofisticado se lo dieron unos zapatos en *nude* con un ribete dorado. En cuanto al peinado, decidió recoger su melena en un chongo bajo trenzado, acompañado por un original tocado hecho por la diseñadora de su vestido. Para el ramo, rosas en colores suaves. El conjunto perfecto para una novia dulce y delicada.

La ceremonia

Se celebró bajo unos árboles, en la parte trasera de la casa. Para que los invitados tomaran asiento, se colocaron balas de paja con telas tipo encaje.

El pasillo entre las balas de paja estaba delimitado por troncos de árbol sobre los cuales se colocaron botes de cristal con flores blancas y amarillas. De uno de los árboles que enmarcaba la ceremonia colgaban cestos con flores. Y, como fondo del escenario, las montañas y las vastas praderas. ¡Un marco espectacular!

Tras la ceremonia, y mientras los invitados disfrutaban del coctel en la pradera, los novios aparecieron montados en una Vespa, lo que sorprendió a todos.

¡Copia esta idea!
La zona donde se sentaban los novios se decoró con cestos de flores y ramas de hojas para darle un aspecto campestre.

La decoración

Para la imagen gráfica de la boda, seguimos con la línea de diseño que iniciamos en las invitaciones y la aplicamos en menús, números de mesa, etiquetas para los regalos...

Hicimos un homenaje especial a la Bella Italia, tierra del novio, en diferentes detalles. Para el *seating plan* creamos un puestecito de hierbas aromáticas, que sirvieron para dar nombre a las mesas, y productos típicos italianos como la pasta y el *pomodoro*.

En el coctel montamos una barra de Spritz, la bebida preferida de los novios, o, como escribimos en la pizarra que colocamos en la barra, «L'aperitivo italiano più amato».

Para la decoración del banquete, usamos botes de cristal con ranúnculos, jacintos, alstroemeria, solidago, peonías... Como números de mesa, los nombres de las plantas aromáticas del *seating plan* en italiano y español y carteles de los años cincuenta de ciudades de Italia.

¡Copia esta idea! Una mesa de limonada fresquita para recibir a los invitados. La decoramos con limones, menta y los típicos refrescos italianos de San Pellegrino.

La mesa de dulces

Para el baile (que se hizo en una construcción que antaño era una pequeña capilla familiar), preparamos una *candy bar* con dulces en colores rosas y amarillos: *minicupcakes*, *brownies*, *cake pops* y otras delicias que ayudaron a los invitados a tener energía para bailar toda la noche.

✳ **Detalles:** Se repartieron luces de bengala que los invitados encendieron durante el primer baile. El efecto mientras los novios bailan es tan bonito...

Una boda
en la ciudad

La paleta de color

Aunque muchas veces pasan desapercibidos a nuestros ojos, la ciudad guarda mil encantos en sus rincones y puede ser el escenario perfecto para una boda: les brinda a ustedes y a sus invitados todo el confort que necesitan para hacer de este un día cómodo y a la vez fantástico. Victoria y Manu eligieron una de las iglesias más bonitas de Zaragoza para darse el «sí, acepto», y un hotel emblemático de la ciudad, el Gran Hotel, para celebrarlo.

El look de la novia

Victoria se considera una novia clásica y sencilla. Con corte evasé y un cinturón rematado en una gran flor, eligió un vestido sobrio y elegante que acompañó con un largo y delicado velo que le daba ese aire romántico tan de novia. Un chongo bajo, aretes de perlas y un ramo en colores empolvados con rosas, brunia y lisianthus acababan de darle el *look* minimalista que buscaba. El toque diferente, en los zapatos, de color humo y sin apenas tacón.

El lugar

La ceremonia tuvo lugar en la iglesia del Real Seminario de San Carlos de Zaragoza, que alberga una espectacular muestra del barroco. La decoración fue sobria y romántica: bolas de paniculata y cintas de organza en el pasillo y en el altar.

El Gran Hotel es uno de los establecimientos con más solera de la ciudad. Con una estética elegantemente clásica, era el lugar perfecto para celebrar la boda de Victoria y Manu. Primero, porque encajaba perfectamente con el estilo de los novios; segundo, porque cumplía con todos sus requisitos: para ellos era muy importante que los invitados, muchos de los cuales provenían de otras ciudades, pudieran alojarse en el mismo hotel donde se celebraba la boda.

La decoración

Trabajamos toda la papelería siguiendo la misma línea con la que Manu había diseñado las invitaciones (en color azul marino y crema). El *seating plan* se componía de tarjetas individuales caligrafiadas a plumilla con el nombre de cada invitado y un botón antiguo de color azul que remitía a la decoración del resto de la boda (bueno, menos en las tarjetas del grupo de amigos del novio, que en lugar de botones llevaban miniaturas de coches: un guiño de Manu a sus amigos). Como soporte recurrimos a un baúl *vintage* acorde con el espacio donde iba a tener lugar el coctel.

El banquete se celebró en un majestuoso salón de inspiración clásica con grandes lámparas de cristal de araña. Para decorar las mesas empleamos velas y tarritos de cristal con hortensias azules (la flor principal de la decoración), paniculata y boj.

Lo primero que se veía al entrar en el salón era la mesa de los novios enmarcada en un bodegón compuesto por una bici antigua que el novio había restaurado (Manu es muy habilidoso y disfruta restaurando bicis para que puedan volver a ser usadas). Igual que en el resto de las mesas, complementamos esta zona con bolas de paniculata, hortensias azules y muchas velas. En la mesa de los novios también incluimos algunas fotos de bicis *vintage*, en alusión al hobby de Manu.

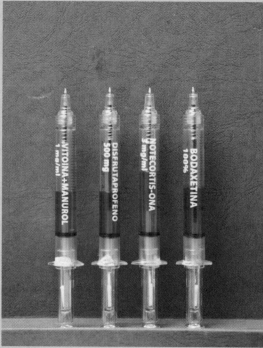

¡Copia esta idea! Los novios recopilaron fotos de todos sus invitados y las colocamos en una cajita a juego con la decoración en cada una de las mesas. Cuando los invitados se sentaron y descubrieron el contenido de las cajitas se llevaron un sorpresón. Todo un detalle y un momento *revival* muy especial.

La fiesta

Hasta el momento, todo en la boda había sido tradicional con un toque elegante. Pero, al llegar al baile, los invitados se encontraron con un cambio de tercio radical. En el *photobooth*, les esperaban un fondo de caseta de feria y disfraces de andaluza y de torero, abanicos de lunares, flores para el pelo... ¡Risas y más risas de los invitados posando!

Para inmortalizar ese momento tan divertido, usamos una cámara tipo Polaroid. Las fotos se pegaban en el libro de firmas que personalizamos con sellos de estampar, que tanto juego dan.

Los novios, ambos dedicados a la salud, encargaron unas graciosas plumas para regalar a los invitados con nombres parecidos a los de los medicamentos, pero en el contexto de boda: Bodaxetina, Disfrutaprofeno...

Para decorar la mesa de golosinas usamos material de botiquín y fotos antiguas relacionadas con temas médicos. Así, si alguien tenía un problema, solo había que preguntar: «¿Hay algún médico en la sala?»

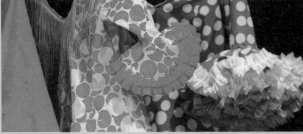

No es una boda,
es la fiesta del amor

La paleta de color

Cuando una boda deja de ser estrictamente eso para convertirse en
una fiesta, se olvidan las reglas típicas y se «trabaja» con el objetivo de
hacer de este un día único y especial como sus propios protagonistas:
nos referimos a lo que Yanina e Iván llamaban «la fiesta del amor».

Ambos periodistas, Yanina e Iván se habían casado en Las Vegas
durante unas vacaciones, un año antes. Un doble de Elvis ofició
la ceremonia y un par de amigos que viajaban con ellos fueron los
testigos. Al volver a España, y como «lo que pasa en Las Vegas se
queda en Las Vegas», esa boda se mantuvo en secreto. Pero quedaba
celebrarlo con su gente. Y en esa fiesta se cuidó cada detalle para
mimar a los invitados que cruzaron el país o incluso el charco para
compartir ese día con ellos.

Una novia DIY llena de ideas, un lugar privado en la montaña de
Barcelona (Espacio Sol y Vida), una ceremonia coqueta y romántica
y una boda repleta de detalles y sorpresas.

Hace sol, así que lleven una sombrilla para protegerse y confeti para
lanzarles a los novios. ¡Que empiece la fiesta!

La ceremonia

Con sillas plegables de cine al aire libre y disfrutando de unas vistas espectaculares de la ciudad, en una terraza natural en medio de la montaña. Los invitados fueron recibidos con limonada rosa. En una mesa encontraban sombrillas blancas, *El Periódico del Amor* con detalles de la boda (que preparó la misma novia) y bolsitas con confeti.

Enmarcando la ceremonia, un tocador y un sofacito tipo isabelino, ambos herencia de la novia, que quiso usarlos en la decoración por su valor sentimental y en recuerdo de su madre. Yanina nos pidió globos y pompones atados al sofá, para darle un aire divertido.

El novio, motociclista incondicional, llegó por sorpresa a la ceremonia en una Harley Davidson. ¡Ni siquiera la madrina lo sabía!

¡Copia esta idea! Bolsitas de papel *kraft* con confeti rosa (uno de los colores de la boda), decoradas con un sello de estampar de corazón. Sencillo pero efectivo, ¿verdad?

¡Copia esta idea! La perrita de los novios, *Lucky*, fue la encargada de llevarles los anillos.

El look de la novia

Un vestido romántico y vaporoso, con un cinturón en rosa palo y pedrería, sandalias rosas, pendientes de anticuario y un tocado delicado y de aire *vintage*. Yanina escogió un ramo tipo *bouquet* con flores en tonos rosas y amarillos y, entre todas ellas, una rosa amarilla, la flor preferida de su madre.

La decoración

Llevamos la paleta cromática a todos los detalles de la decoración, desde la papelería hasta las flores. Dos colores principales: el rosa en diferentes tonalidades y el amarillo. La propia novia diseñó la imagen gráfica que usamos en todas las aplicaciones: invitaciones, menús... Ya les dijimos, no faltaba detalle.

La clave fue trabajar en un lugar al aire libre donde cada parte de la boda tuviera su protagonismo y su espacio propio: la ceremonia, el coctel, la comida, el baile...

Usamos tarritos de cristal con flores para las sillas del pasillo de la ceremonia, las mesas del banquete y diferentes rinconcitos. Para las mesas, la novia encargó unos mantelitos de rafia y madroños donde se colocaron los centros de mesa.

Guardamos un lugar para el Rincón de Las Vegas, como homenaje a su boda sorpresa un año atrás. Ahí colocamos el álbum con las fotos de Las Vegas y el libro de firmas. Durante la noche llenamos ese espacio de velas que le daban un color especial.

La mesa de los novios estaba llena de guiños a su profesión: una preciosa máquina de escribir, cámaras de fotos, revistas antiguas y hasta planchas de imprenta.

¡Copia esta idea! Además de los botes con flor, los invitados encontraban en las mesas una cámara de fotos desechable y *props* de bigotes, corbatas de moño y labios para hacerse fotos durante la comida. ¡Nadie se resistió!

La mesa de dulces

La novia es una fantástica repostera, así que en su boda no podían faltar pasteles, *cupcakes* y otras delicias, algunas hechas por ella misma, como su famoso *cheesecake*. Añadimos algunos dulces y, ¡tachán!, el resultado fue el que ven.

Detalles: Los novios querían un *photobooth* divertido donde Elvis pudiera estar presente, así que encargamos un fondo como la capilla donde se casaron en Las Vegas y una réplica del Elvis que ofició la ceremonia casi a tamaño real. Se imaginan las risas, ¿no?

¡SÍ, ACEPTO!
(UN CUENTIBODÓN)

Créditos fotográficos

People Producciones
www.peopleproducciones.com
Páginas 18, 26, 44, 45, 89, 90 (abajo), 98, 119 (arriba, derecha), 143 (arriba), 150 (abajo; arriba), 166, 167, 169, 172-195, 244 y 287.

Sara Frost
www.loveandhappiness.es
Páginas 14, 15, 22, 107 (arriba), 116, 128 (arriba) y 171.

Tubodaenimagenes
www.tubodaenimagenes.com
Páginas 30 y 100 (abajo, derecha).

F2Studio
www.f2studio.es
Páginas 17, 25 (arriba, derecha), 58, 62, 68, 74, 76, 78 (derecha), 79, 82, 103 (izquierda), 107 (abajo), 124, 125, 128 (izquierda), 129 (arriba, derecha), 134 (izquierda), 137 (abajo), 140, 141, 142 (izquierda; centro), 147 (abajo, izquierda), 151 (izquierda), 160, 163-165, 168, 230-239 y 270-279.

DanBalboa Fotógrafo
www.danbalboa.com
Páginas 34, 50, 80 y 103 (arriba).

Mònica Carrera
www.monicacarrera.com
Páginas 158 y 159.

Silver Moon Fotografía
www.silver-moon.es
Páginas 31 (abajo, derecha), 32 (arriba), 33 (abajo), 39, 42, 54, 55, 83, 86, 100 (arriba; abajo, izquierda), 115, 121, 127 (arriba), 130, 135, 137 (arriba), 138 (abajo) y 147 (arriba, izquierda; arriba, derecha).

Sara Lázaro
www.saralazaro.com
Páginas 29, 31 (arriba), 38, 52, 56, 59, 63, 69, 81, 102, 120, 146, 149 (arriba; derecha), 152 (abajo, izquierda), 154, 196, 197, 210-219, 250-259 y 281 (arriba; derecha; centro).

Punt de Vista
www.puntdevista.com
Páginas 103 (abajo, derecha) y 126.

Manuel Tabaco y David Mas-Bagà de Visual Foto
www.visualfoto.es
Páginas 23, 85 (abajo), 105, 108 (abajo; arriba, derecha), 110, 111, 117 (arriba, izquierda), 123, 143 (derecha), 148 y 149 (abajo).

Frame Fotografía
www.framefotografia.com
Páginas 138 (arriba) y 143 (abajo).

Pablo López Ortiz
www.pablolopezortiz.com
Páginas 32 (abajo), 46, 47 y 71.

Jimena Roquero
www.jimenaroquero.com
Páginas 27 y 51.

Luisa Monleón
www.diasdepapel.com
Páginas 73 y 153.

Neima Pidal
www.neimapidal.com
Páginas 16, 25 (arriba, izquierda; abajo,
derecha), 31 (abajo, izquierda), 33 (arriba),
40, 48, 49, 53, 60, 61, 64, 70, 72, 75, 77,
78 (izquierda), 84, 85 (arriba), 87, 88, 99,
101, 108 (arriba, izquierda), 112, 127 (abajo),
128 (centro; abajo, derecha), 129 (izquierda),
132, 145, 147 (abajo, derecha), 156, 157, 170,
198-209, 220-229 y 260-269.

Fer Juaristi
www.ferjuaristi.com
Páginas 240, 241, 243, 249 (abajo) y 281
(abajo).

Roberto y María
www.robertoandmaria.com
Páginas 57, 119 (abajo, derecha), 133, 242,
245-248 y 249 (arriba; centro) [242, 245 y
248, tomadas con film].

Arberas Ruso Photo
www.arberasruso.com
Página 65.

Miguel Varona
www.miguel-varona.com
Páginas 66 y 67.

Project Party Studio
www.projectpartystudio.com
Páginas 25 (abajo, izquierda) y 114.

Pedro Etura
www.eturaweddings.com
Página 144.

Bodas de Cuento
www.bodasdecuento.com
Páginas 90 (izquierda; arriba), 91-94, 95
(arriba, derecha; centro, izquierda), 96, 97,
106, 109, 113, 117 (abajo, izquierda; derecha),
118, 119 (izquierda), 122, 129 (arriba, centro;
abajo), 131, 134 (derecha), 136, 139, 142
(derecha), 150 (izquierda), 151 (derecha), 152
(abajo, derecha; arriba).

Elena, cuentiamiga
Página 95 (arriba, izquierda; centro,
derecha; abajo).

Agradecimientos

Un día Irene y Javi nos llamaron para preguntarnos si nos gustaría escribir el libro que tienen en las manos. Nuestro primer agradecimiento es para ellos, por elegirnos y por haber sido unos compañeros de viaje más que encantadores.

Hay tres creativos que hace tiempo que dejaron de ser nuestros diseñadores para pasar a ser también amigos y compañeros. Gracias a Isa, Luis y Alf por entender nuestra filosofía, nuestro universo particular, y por haber convertido este libro en una pequeña joya.

Sin las preciosas fotos que pueden ver en estas páginas y en nuestra web, nuestro trabajo no sería lo mismo. Gracias a todos los fotógrafos que han sido testigos de nuestras bodas, gracias por su esfuerzo en ensalzar nuestra tarea y en hacer que forme parte de nuestra historia y de la de nuestros novios.

Los protagonistas indiscutibles de nuestro trabajo, y por supuesto de este libro, son todas las parejas de novios que decidieron un día que nos querían a su lado cuando dijesen «sí, acepto». No hay espacio suficiente en nuestro corazón para darles las gracias por habernos ayudado a llegar hasta aquí y por permitir que nos dediquemos a lo que realmente nos hace felices: trabajar creando bodas.

Gracias a todos los que siguen nuestro trabajo de una forma u otra. Son como una gran familia para nosotros; aunque no podamos ponerles caras a todos, sabemos que están ahí detrás, y queremos que sepan que se los agradecemos infinito.

Gracias a nuestras familias y amigos por creer en nosotros y apoyarnos incondicionalmente.

Y gracias a ti, sí, a ti, que estás leyendo esto ahora mismo.

Y VIVIERON FELICES PARA SIEMPRE